采购总监
手把手教你做
采购

邓 荣◎著

中国铁道出版社有限公司
CHINA RAILWAY PUBLISHING HOUSE CO., LTD.

北 京

图书在版编目（CIP）数据

采购总监手把手教你做采购 / 邓荣著. -- 北京：
中国铁道出版社有限公司, 2025. 1. -- ISBN 978-7
-113-31641-9

Ⅰ. F274

中国国家版本馆CIP数据核字第2024BT3358号

书　　名：**采购总监手把手教你做采购**
　　　　　CAIGOU ZONGJIAN SHOUBASHOU JIAO NI ZUO CAIGOU

作　　者：邓　荣

责任编辑：郭景思　　　**编辑部电话**：（010）51873007　　　**电子邮箱**：guojingsi@sina.cn
封面设计：宿　萌
责任校对：安海燕
责任印制：赵星辰

出版发行：中国铁道出版社有限公司（100054，北京市西城区右安门西街 8 号）
网　　址：https://www.tdpress.com
印　　刷：河北宝昌佳彩印刷有限公司
版　　次：2025 年 1 月第 1 版　　2025 年 1 月第 1 次印刷
开　　本：710 mm×1 000 mm　1/16　**印张**：17.25　**字数**：221 千
书　　号：ISBN 978-7-113-31641-9
定　　价：69.80 元

采购工作，能让人学习到很多有趣的知识，邂逅诸多令人印象深刻的人。这份工作不仅拓宽了人的视野，也让人领悟到妥协中的智慧，以及团队协作的可贵。

序　言

邓女士完成了她在采购领域的第一部著作，承蒙她的厚爱，我能先睹为快，并在此发表一些浅见和感想。一直以来，我都感觉采购领域的高质量专著甚少，尤其在当今的商业环境与社会环境越来越复杂的背景下，采购行业面临着极大的挑战，采购从业人员一边面临专业度的提升，另一边还要被浮躁与误解所包围。在此背景下，除了要跳出狭小的定位，还要看看专业的人士是如何践行采购这一供应链中重中之重的首要环节。采购虽然是个传统的职业，但在风云变幻的商业背景下，对专业度和综合能力的要求非常之高，邓女士指出采购是一项系统性的工作，牵涉从技术到商务，以及从人文到品德的考量。选择采购这条路需要的特质是：学习。

作者虽是一位经验丰富的采购总监，但她并非采购专业出身，而是通过工作实践中不断地接受挑战所取得的成就。她在书中提炼出适合采购职业的四大特质，分别是学习热情、服务意识、思路清晰、意志坚定。我很希望通过这本书，能让更多的专业人士和管理者更深层次地了解采购，因为邓女士所撰写的恰恰是一本旨在帮助读者深入了解采购流程、技巧和策略，提升采购能力，为企业和社会创造更大的价值。

最令我感动的是，通过多年的实践和经验积累，她毫无保留地将自己摸索的采购的核心知识和实用技巧融入书中，用丰富的案例来生动地诠释采购的方法，读起来非常过瘾。可以说，是为读者提供了一本既实用又具有指导意义的采购手册。

本书的特点还在于其实用性和指导性。作者通过生动的案例和丰富的实践经验，将采购的每一个环节都进行了详细的解析和指导，使读者能够轻松地学习采购的核心知识和技能。此外，本书非常注重实际操作，提供了大量的实例和案例分析，可以帮助读者更好地理解和应用所学知识。

　　书的整体构思既细腻、精致，又不乏大格局的洞见，从中所流露出的人文情怀和正直情操始终贯穿全书，这与作者的学识与经历是分不开的。邓女士精通多种语言，对语境与文化的理解也使她在采购中和不同的人打交道时融会贯通。阅读本书您将学习到采购的基本概念、流程和方法，了解如何制订采购计划、选择合适的供应商、价格谈判技巧，以及管理采购风险等关键环节。同时，本书还将分享一些实用的采购技巧和策略，帮助您在实际工作中更加高效地处理各种采购问题。最重要的是，她提出做采购就注定要一辈子忠于职守的观点，不仅要学做事，更要学做人。

　　本书还提供了一个清晰的采购职业进阶路线图，在浮躁的当下，很多人都容易在烦琐且压力繁重的工作中困惑、迷惘，但如果有个清晰的路线图，那就如同贵人指路。本书中作者把她自己一步步蹚出的路线图一一呈现给读者，我相信，通过阅读本书，无论您是采购从业者还是高管，都将能够更好地掌握采购的核心知识、技能和管理能力，提升采购能力与协同能力，为企业创造更大价值的同时提升自己在职场中的专业能力与影响力。同时，本书也将成为您职业生涯中的宝贵财富，帮助您在采购领域取得更大的成功。

　　最后我想告诉大家的是，本书的诞生本身也是一个奇迹，在经历女儿严重车祸后数年的康复、疫情的巨大冲击而不得不放弃创业项目，都没有改变邓女士对采购行业的初心，在面临这些情况下，她仍不断地向网友们提供专业领域的无偿帮助，也是这些网友的问题促使曾经是大学老师的她用难以想象的毅力写成本书。她是一个能够从灰烬中站起来的人，也是能够在灰烬中创造出花园的人。期待更多的读者们不仅仅从她的身上汲取专业的知识，更多的是能够学习她坚韧不拔的精神。期待以此为始，邓女士能够有更多佳作推出。

　　最后，感谢您选择《采购总监手把手教你做采购》这本书，希望您在阅读过程中能够收获满满的知识和人生启示。

广东省采购与供应链协会秘书长　魏祈蔚

前　言

在当今这个竞争激烈的商业环境下，采购早已超越了简单的"买卖"范畴，它成为企业战略管理中不可或缺的一环，直接关联着成本控制、供应链优化，以及企业的市场竞争力。不少初学者或转型者心中总是充满了疑惑与不安：怎样从零基础开始涉足采购行业？没有采购经验，想转行做采购需要做哪些准备？采购这一职业是否有广阔的发展前景？在采购界，我们还常常听到这样的声音：采购是背锅侠，工作繁重且不被理解。在这些抱怨声背后，是采购工作复杂性与挑战性的真实写照。然而，正是有了这些挑战，才赋予了采购岗位无限的成长空间和价值的创造空间。

面对这些纷至沓来的问题与抱怨，笔者将自己二十余年来的采购经验倾囊相授，力求以平实易懂的语言，将复杂的采购理论与实际案例相结合，为读者呈现出一个既生动又完整的采购世界。

本书通过深入剖析采购的 5W 要素（即为何采购、采购什么、向谁采购、如何采购、为谁采购），帮助读者构建起对采购工作的全面认知，让看似杂乱无章的问题与抱怨，在理性的思考中逐渐找到答案。

第一章，专为采购新手量身定制，通过解析采购岗位的基本要求、必备技能及入行前的准备工作，帮助读者快速跨越心理与技能的双重门槛。在这一章中，读者将深刻理解到，无论是扎实的专业知识，还是良好的沟通技巧，都是成为一名优秀采购人员的必备要素。

第二章至第六章，逐步深入到采购的核心领域——采购的 5W 要素。从采购流程的规范化（如何采购）、采购分类的精细化（采购什么），到供应渠道与供应商管理的策略化（向谁采购），再到与利益相关者沟通（为谁采购）及采购绩效管理（为什么采购）的科学化，每一章都旨在为读者提供一套系统的、可操作的采购管理体系。通过这些内容的学习及丰富案例，读者将构建起自己的采购知识框架，并在实际工作中活学活用。

第七章，主要讲了采购人员的职业发展路径。从基层采购员到采购总监，从基础技能到战略思维，从单兵作战到团队领导，不同的职业发展阶段对采购人员的能力要求也各不相同。通过这一章的学习，读者将能够清晰地认识到自己在职业发展道路上的定位与目标，并为之努力奋斗。

采购工作不仅仅是一份职业，更是一种人生态度。它要求我们在不断学习与成长的过程中，始终保持对工作的热情与对未知的好奇。只有这样，才能在采购这条道路上越走越远，最终实现自我价值与职业梦想的双重飞跃。

笔者深知，理论与实践之间总存在一定差距，尽管力求全面、精准地记录与表达，但难免有疏漏之处。在此，恳请读者朋友以包容之心，批评指点，共同探讨采购世界的无限可能。希望无论是初出茅庐的采购新手，还是经验丰富的采购老将，都能在这本书中找到属于自己的收获与启示。愿本书成为你采购职业生涯中的良师益友，伴你一路成长，一路前行。

邓　荣

2024.11

案例人物设定

陈　品　采购总监

汤　慧　品类采购经理

陈　稚　采购员

窦　瑶　采购助理

杨　晓　采购主管

王　傲　资深技术经理

侯　睿　物流总监

邬　强　财务总监

黄　敏　市场经理

卢　莉　行政经理

李　数　生产部副总裁

刘　智　供应链总监

目 录

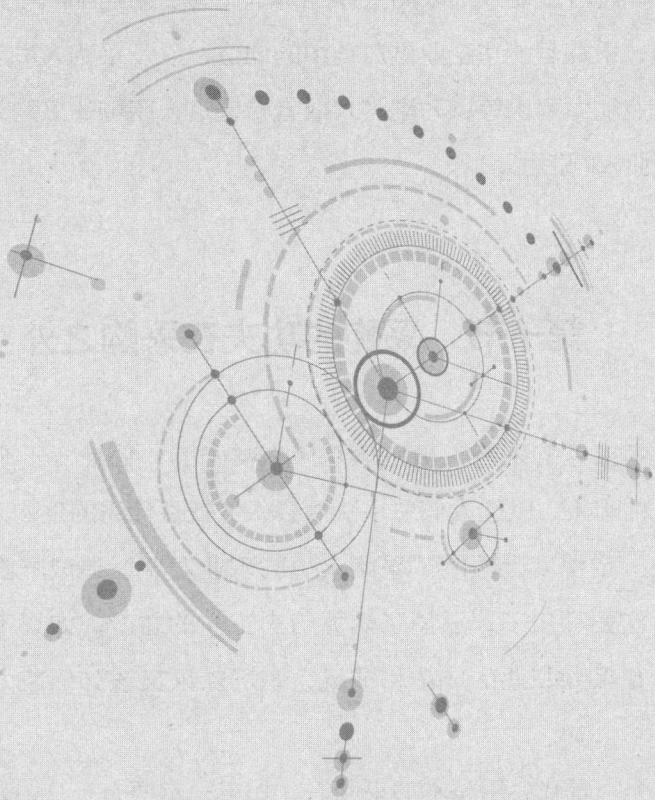

第一章

初识采购

本章内容主要介绍采购工作的基本概念、采购部门在企业中的组织架构、采购职能在企业供应链中的地位，以及采购人员应具备的素质和专业能力要求等，为刚进入或者希望进入职场的采购人员提供基本的职业入门指引。

第一节　采购的功夫在采购之外

一名出色的采购人员应该是什么样子的？估计一千个人眼中就有一千种印象。以往人们总是认为会砍价就是优秀的采购人员，这种观念在一定程度上限制了采购人员的职业发展，造成一些采购人员总是喜欢耍嘴皮子，丢掉了认真踏实工作的态度。如果不能清晰定义什么是采购职业的成功和成就，职场新人又该如何努力和获得提升呢？

这个问题我会用整本书来回答，如果一定要有个开始，那就是采购的功夫在采购之外。你完成的每一件看似简单的工作任务，你处理好的每一段人际关系，无论是个人关系还是职业关系，你认真应对的每个生活和工作难题，都会为你的采购职业生涯增添助力，最终会引导你实现职场上的成功和人生中的圆满。

一、采购是什么样的工作

在外行人眼里，采购人员就是买东西的人。买东西谁不会，菜市场里买菜的大妈都知道货比三家，讨价还价。所以他们想象中的采购工作就是采购人员去市场上找供应商，然后与供应商讨价还价的过程。

因为存在这样一种买东西方式谁都会的印象，所以在工业化发展的早期阶段，甚至于在当今某些类型的企业中，采购都是不被认可的一门专业。谁都可以买，找谁买都行，谁买就能拿好处的想法造成了贪腐的盛行，以及对采购人员的误解，使其背负了不良的名声。在中小型私营企业，采购岗位成为企业领导的心腹或亲属的专属职位，这也是对采购职业及采购人员的一种严重曲解。

随着现代化工业的发展，国家政府机构、企事业单位对贪腐的管制越来越严格；全球化发展对供应链的竞争力提出了更高的要求。效率和成本是企业在激烈竞争环境下必须时刻关注的两大课题。采购作为供应链中的重要一环，其地位越来越受到重视，企事业单位对采购人员的专业度要求也越来越高。

在现代化采购管理理念中，采购工作的定义是通过第三方供应商，或通过内部机构获取物品、工程和服务的过程。这一过程涵盖甚广，从确定采购需求一直到服务协议的终结或资产使用寿命的终结；涉及方案评估，自制或外购的决策过程。

在人们浅层认知中谈价格、签合同的过程，只是采购工作完整链条中的部分环节。完整的采购过程包含更多。例如，对外，如何考察评估供应商、评估产品是否符合企业需要；对内，采购部如何制定采购政策与流程以保证合规部门防止腐败的要求，以及如何与内部客户建立高效的沟通与合作，以提升采购效率及节省企业生产和运营成本等，这些都是采购工作的广义范畴。

采购工作所涉及的主要任务项，包括但不限于图1-1所示的内容。

在后面的章节中，我们会展开讨论如何执行这些任务项。采购人员要牢记的是，采购是一份系统性的工作，牵涉从技术到商务，从人文到品德的考量。选择采购这条路，就注定要一辈子忠于职守，不仅要学做事，更要学做人。

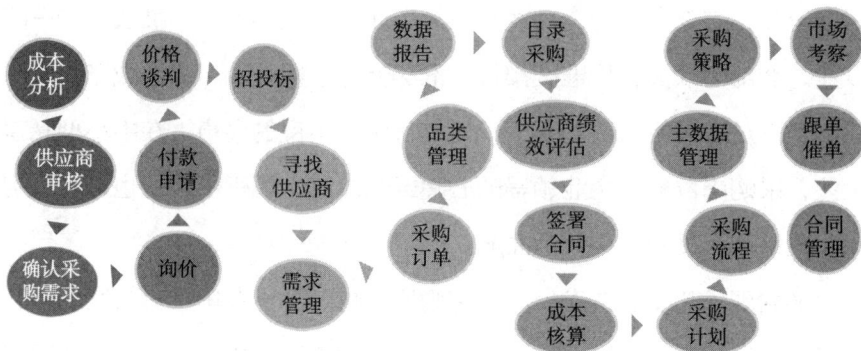

图1-1　采购任务项

二、采购人员的专（职）业背景

很多刚进入或希望进入采购职场的毕业生可能会担心自己是否适合做采购工作。"我不懂技术、性格内向、没有这方面的经验，能做采购吗？做采购能有发展前景吗？"为了解除这些疑虑，我们先从大多数采购人员的专业背景、职业背景说起。

采购工作的专业化是一个逐步演化的过程。国内第一个设立采购管理专业的高校是北京物资学院，于2010年设立，至今已有十多年，目前全国也仅有39家高校设立供应链管理专业。我们偌大一个国家采购相关专业出身的人才如此稀缺，那现今从事采购工作的人都来自哪些专业和职业呢？

1. 转岗的技术人员

我们有相当一部分采购人员是由所采购的产品或服务相关的技术人员转岗而来。例如，一家水处理工程公司为项目采购配套设备配备的采购工程师，有的原来是项目现场管理工程师，有的原来是项目经理，也有的原来是负责工艺设计的设计师。又如，一家包装机械制造厂为机加工件项目配备的采购工程师，有的过去是制造车间的机械工程师，有的过去是方案设计师。因为这些技术工程师懂得与产品相关的技术、工艺和设计，转行成为采购人员时具有得天独厚的优势。他们理解产品结构、能看懂产品图纸，对产品成本要素的组成也了然于胸。再如，一家快消品公司，将市场部负责促销与推广的市场专员转岗到采购部，负责市场服务品类的采购人员做得非常顺手，将行政助理转岗为负责差旅服务的采购人员做得也很顺利。

2. 技术类专业的毕业生

没有工作经验，而在大学中学习机械制造、环境工程、电气工程等专业的毕业生，其专业背景也是能进入特定行业从事技术性采购工作的优势条件。近十多年来，商业类、市场营销类专业的毕业生从事采购职业的人也非常多。一方面是由于间接采购（第二章将详细介绍什么是间接采购）管理的发展，即非生产性采购工作弱化了技术能力，而更加重视商务能力；另一方面采购工作的管理属性也在不断加强，采购职业从重视技术，逐步走向更重视管理技能。学习能力、沟通能力、协作能力、项目管理能力和数据分析能力等，这些与技术不直接相关的综合技能，成为采购人员能否获得提升的关键因素。

3. 语言类专业的毕业生

语言类专业的毕业生近些年来越来越多地加入采购从业大军，这很大一部分原因是中文或外语类专业毕业生的第一份工作会聚焦在助理、翻译等岗位。他们近距离接触企业生产业务或运营事务，因而有机会顺利转到业务岗，如采购部助理提升为采购员，销售部助理提升为销售员等。采购工作对从业者的沟通能力要求高，语言类毕业生在表达上的优势无疑是提升沟通能力的底气，在外资企业中，更容易获得高管层的认可。

4. 供应链相关专业的毕业生

随着设立采购、物流与供应链管理专业的高校越来越多，企业也越来越愿意为专业对口的毕业生提供采购物流相关的实习生岗位。

三、采购工作从做人开始

从事多年采购工作，我最大的感触是：采购工作从做人开始，采购的功夫在采购之外。做采购工作如同做人，从做人开始学规矩、练功夫，有了积累、有了自信、少了些玻璃心之后，再去接触更艰巨、更有战略的工作任务，才能充分施展自己，做到分寸合宜、有界限感，才能懂得平衡的艺术，不会因为没有准备好，受到挫败而丧失勇气。

1. 大写的人才是立得住、有责任心的人

责任心是一个耳熟能详的词，在我还是采购部助理的时候，经常需要整理文档，撰写流程文件。当时的领导还经常会叨叨说我做得没有老一辈的人仔细，言下之意是一代不如一代。

就文档整理和书面汇报工作而言，如今我也有如同当年老领导的感叹，年轻人是越发不喜欢做这类需要细心和耐心的工作了。但这里我要说的却是，如果这是工作职责范畴内的，而且在要求也很明确的情况下，无论喜欢还是不喜欢，都要按要求执行到位，这就是责任感。

任何事情理解了再去执行会收获更好的效果，但如果一时间无法理解，就简简单单照做比较好。就像小学时被要求背诵经典，中学时学习鲁迅的文章，在当时可能都是咬牙切齿般的痛苦经历，但成年后，当遇到无法表达对某些事情的感触，无法用自己的语言解释某些社会现象时，记忆中的经典就能跳出来救场。

采购工作对文档、文字、数据的严谨性要求非常高，基础的文档

类工作考验着年轻一辈从业者的耐心。有些采购人员却把采购工作做成了批发市场上抢购鸡鸭的小贩子，觉得动动嘴皮子，高声吆喝起来非常带劲。有些初入门的采购人员好高骛远。在了解到采购的基本工作范畴，知道采购也分前端、后端岗位后，对催单、跟单等后端工作抱有排斥心态，觉得琐碎辛苦，总希望能直接进入到前端更具战略性的工作岗位。

采购工作的核心是为企业建立稳定的供应资源，更具体一些，是为生产部门、运营部门解决供应中存在的各种问题。做采购工作，需要时时刻刻提醒自己你是在为企业工作，也是在为具体的某个部门、某个人解决问题。把解决问题当作自己工作的指南针，这也是责任心的体现。

2. 人不是孤立存在的

作为存在于社会关系中的个体，我们需要关注人与人之间的联系，不能只关注自己的任务和感受，而忽视了他人的需求和诉求。

这一点，在采购人员身上较为常见。在接到采购申请后，采购人员忙于找供应商、谈价比价，容易忽略与采购申请人及时进行深度的信息沟通。信息脱节就会造成产品规格不符合要求、供应商服务达不到预期等问题。在谈价格时自以为在为本企业争取更大的利益，容易忽略供应商也是一家企业，也有生存的难题和需要合理的利润空间。双赢才是真正的赢。对于采购中的关系处理，采购人员既要关注与内部使用部门的关系，也要关注与供应商的关系。

3. 采购不是现学现卖的工作

从学习做人的角度出发，养成负责任的态度，关注并致力于为他人解决问题，这不是一两年能炼成的。同样，在采购工作中积累知识，也无法在短期内一蹴而就。

经常读书看报了解时事，能更加理解市场行情、政治和经济环境对供应市场的影响；说服家人、朋友接受你的建议，提高了谈判能力；和人争论时能控制个人情绪就事论事，不搞人身攻击。这些都是采购人员必备的人际沟通交往能力。

每一门基础学科知识都是采购工作的硬技能，每一次与人沟通交流都是采购工作的软技能。我们每天认真地工作和生活都是在为采购工作做准备。

第二节　对采购人员职业发展有利的特质

对于什么样的人适合什么样的职业？长久以来，社会上有一些刻板的印象。例如，性格文静的女孩子往往选择财会类专业；对数字不敏感、数学不好的则要避开金融类工作；性格内向不善言辞的肯定做不了销售等。

这些印象之所以说很刻板，是因为其过于片面，以偏概全。在工作中，我们会接触到相当多性格偏内向，说话不多的销售，但他们反倒比那些油嘴滑舌的销售人员更容易获得客户的信任；在工作中，做事麻利、性格风风火火，甚至被提升为企业CEO①的财务人员也很多。

确实，某些性格特质对于某项职业有着更独特的发展优势。下面就来谈谈哪些特质对于采购人员的职业发展更为有利。

一、采购人员应具备哪些基础素质

在多年的采购职业生涯中，我观察了许多采购人员的特点，他们有

---

① CEO: chief executive officer的缩写，即首席执行官。

的是我的领导、下属、同级别同事，也有采购圈内的人。通过观察总结出了一些采购人员在职场上更容易取得较大的成就所应具备的特质。这些特质包括：学习热情、服务意识、思路清晰和意志坚定。

1. 学习热情

为胜任采购工作，采购人员需要学习的知识和提高的能力涵盖方方面面，甚至可以说多多益善。千差万别的产品和服务项目、商务能力、法律知识、心理学常识等这些知识和能力构成奇妙的组合，通过日积月累，在越积越厚实时，将会产生极大的动能，帮助我们战胜采购职业发展中的各种困难。

学习热情是提升学习能力的催化剂。通过付出努力而获得的学习成果既能增加自信，还能提高工作成绩，进而得到升职加薪的机会。如果没有学习热情，不主动了解产品知识，提升商务能力，想在采购职场中获得发展会举步维艰。一个人在没有学习热情又不得不学习时，既不能带来好的学习效果，还会加重个人的心理负担，甚至是补偿感，长久下来，只怕是会走向歧路。想想看，利用工作机会能学习到很多有意思的知识，既能解决生活中的实际困难，为社会交往增添谈资，还能为将来换新工作打下基础，可以说是一举多得的好事。

2. 服务意识

采购是帮企业有效管理开支的部门，因而很多采购人员自认为有很大权力，认为自己是在监控使用部门花钱，或者自己更有权决定从哪买、如何买。实际上，采购人员的首要任务是为使用部门寻找到合适的供应商，用合适的价格买到合适的产品。从本质上看，采购工作的服务性质要远远大于管控性质。

既然是服务，采购人员就要牢记为用户解决问题，要保证采购过程透明、采购时效更高、采购价格更优惠。在实际工作中，存在着使用部门提出的需求不明确、技术规格不清晰，以及不能确认关键的时间节点等情况，无论出现哪些状况，采购人员都要遵从5R原则，即合适的时间（right time）、合适的地点（right place）、合适的价格（right price）、合格的质量（right quality）、准确的数量（right quantity），把用户往正确的道路上引导，时刻关注项目进度，提醒用户可能发生的交货延迟、质量偏差，以及会带来的后果等。

每一个棘手问题的背后都应该有一个解决方法，关键在于采购人员是以解决问题为出发点，还是固守工作流程。

3. 思路清晰

为什么做采购工作需要思路清晰？不仅仅是因为重大的采购项目需要较强的项目管理、时间管理的能力，同时采购行为所涉及的各种复杂关系，也会阻碍项目的进展和成果。

采购人员要在各种烦琐的事务中，在紧迫的时间期限下，在各方利益关系人的不同意见中，时刻保持清醒，既要紧盯着目标，又要不断调整步伐，同时还要做好人与人之间的沟通工作，平衡上下级、内外部的关系。

如何才能保持思路清晰？一个有效的方法是复杂的事情简单做，简单的事情复杂做。换一句话说，既别把事情想得太复杂，也别把事情想得太简单。当遇到项目涉及面广、决策难度大时，需要回归到项目目标本身，排除噪声，关注眼前要完成的每一件具体的工作，一个个任务解决了，视野就会越来越开阔，复杂的事情也就变得简单了。而对于简单的项目，就需要放大层面，从更长远的影响、更高的目标、更细致的执行上，让简单的工作创造出更卓越的成效。

4. 意志坚定

不被环境影响，坚定自己的想法，是采购人员能成长为采购管理者的一个最重要的因素。很多人都在问，做采购是否有前途。从目前市场上采购与供应链管理人才短缺现象来看，采购职业肯定是有发展前景的，但能不能坚持到最后，就需要看个人是否能坚定自己的立场，不随波逐流，不被各种噪声左右自己的头脑。

采购人员在面对各种质疑和挑战中，有的人变得冷漠、有的人变得圆滑，有的人失去目标、有的人混沌度日，有的人彻底沦陷，有的人一往无前。采购人员在多方利益关系人的重压下，经常会有一种挫败感，因而抗挫折能力需要加强。如果工作多年后还能有学习热情，还能关注为用户解决问题，这份工作就没白做，能坚持到最后的往往是胜利者。

如果说学习热情和服务意识是天生或者是环境的熏陶，那么，思路清晰和意志坚定则是在正确的理念引导下逐步培养出来的。

反思一下自己是否具备这四项素质，特别是前两项，如果有，可以勇敢尝试采购工作。而后两项，需要自己敢于挑战，遇到新项目、遇到困难时不轻易放弃。在困难中砥砺前行，才能走得更远。

二、采购人员应具备哪些通用技能

1. 信息收集能力

采购新手总是很迫切地想知道采购人员是如何获取供应商信息的？对于供应商的选择，特别是采购人员以前从来没有接触过的新品类或新产品，以及要了解行业最新资讯与发展动态时，互联网毫无疑问是采购人员获取信息的首要途径。若在搜索信息时只知道用搜索网站输入产品名称，这就造成获得的信息关联度不高，因为排在前面的更多的是广告信息。

如何快速搜索到有价值的而且关联度更高的信息是有一定技巧的。

百度是你一无所知时可以借助到的工具，想要获得更深入的信息，需要借助专业的行业媒体、协会、展会等官方网站，以及万方、知网等知识数据服务平台类网站。除了产品名称，还有哪些关键词可以作为搜索索引？上下游的关联产品名称，知名的同类客户名称、类似产品名称，产品核心原材料的名称等，都有助于你获得意想不到的重要信息。在搜索这一块，需要开动脑筋，有创意地去换不同平台、不同关键词。谈到信息收集，还有一个重要的是人际关系。把有可能了解相关产品的人都列出来，同事、同行、同学、朋友、供应商，从交谈中提取有价值的信息或者请求他们代为推荐。

在信息时代，除精确搜索外，还需要具备信息鉴别能力。我们可以通过以下因素来判断信息的价值：权威的平台，多方验证，多人同时在不同渠道搜索。在获得新信息时，可先阅读标题、开头和结尾抓住重点迅速判断信息的相关性和可靠性。

【案例】

有一家意大利包装机械企业决定在中国建厂，希望将包装机械的生产逐步本地化。中国采购团队除负责直接物料的采购外，还会有一些意大利工厂中常用到的生产辅助器具也希望在国内找到类似的产品。生产部门经常拿着一张在国外工厂拍摄的产品照片，没有具体参数，没有功能说明，就让采购部去买。

有些非标产品在国内从来没见过，而且也不是批量生产的，如何找到合适的供应商、合适的产品成了一个难题。网络上能搜到的信息非常有限，在十多年前各大网站还没有拍照搜索同类产品的功能。

采购人员只能是咨询平时常合作的几家工位器具、辅助设备的供应商，让他们提供一些思路，又去购物网站搜索。通过多方了解，确定国内没有现成的产品后，在国内选择了几家有潜力和意愿提供定制产品的厂家。在考察厂家生产能力和了解产品制作成本范围后，才确定了最终的可行性方案。

2. 沟通能力

建立良好的关系是顺畅沟通的前提。采购人员对内不对抗，对外不自以为高人一等，以平等的心态对待供应商，以服务的姿态与内部用户打交道。有了关系的铺垫，沟通的目的更容易实现。采购人员对内服务于生产部门或者使用部门，对外与供应商、合作方打交道；对上要汇报，对下要管理。采购人员的沟通能力不是简单的"听"和"说"，还需要掌握一些基本方法和原则。不同级别、不同年龄和不同性格特点的供应商沟通时需要区别对待：对于级别高的权威人士，沟通前需要做好充分准备，沟通时注意要言简意赅；一般而言资深人士因为经验丰富、能力强，理解力会更强，他们的时间也更为宝贵。对于资历浅、理解能力差的普通人士，沟通需要采用多频次，一次讲透一件事，解决一件事，然后再另找时间解决其他问题。

善于倾听、敢于提问、勤于思考，在多听、多问的过程中慢慢加强思考能力、表达能力和谈判能力。很多年轻人想知道，性格内向不爱说话的人是否适合做采购？性格内向的人少言寡语往往更乐于倾听。沟通一是要听，对方说得越多，你了解的信息就越多；二是要问，根据对方的信息，敢于提问，问你不懂的，问清楚信息中的缺失和漏洞。

3. 数据分析能力

数据分析是有组织和有目的地收集数据、分析数据，提取出有价值的信息，并根据信息做出决策。采购工作处理大量的报价、订单、付款。如何从海量烦琐的数据中找出规律，提升采购绩效？刚刚从事采购工作的从业者缺乏经验积累，利用数据分析作决策尚缺火候，但熟练掌握多种数据分析工具对于将来的管理与决策是非常有帮助的。

（1）无论企业内部的业务处理信息系统，如SAP[①]、SRM[②]等的功能有多强大，Excel（电子表格处理软件）仍然是最有效的数据分析工具之一。采购人员要学会Excel里的各种进阶操作，如透视表，以及高级一点的函数等。

（2）鱼骨图、决策树、SWOT分析法[③]、思维导图类软件，如MindMaster中就有大量可直接套用的分析方法，采购人员熟练掌握各种不同的工具和方法，对采购分析和汇报工作会非常有帮助。

（3）可视化图表，如条形图、饼状图、折线图、散点图等，这些可视化图表能更生动直观地展现数据分析的结论，帮助采购人员顺利达成沟通或汇报的目的。

4. 项目管理能力

一名采购人员同时负责的采购任务没有几十项，也有十几项。同时处理多项业务时，为了井井有条，不漏掉任何一个重要的环节，采购人员需要利用项目管理工具对项目的周期、关键节点，利益相关人的参与沟通等进行及时的跟踪。

项目管理能力不仅是职场中需要具备的，在生活中，也常常需要利用项目管理的理念，如健康管理、学业管理、家庭财务管理等。以下是项目管理的几个关键点：

（1）明确的项目目标。项目实施之前要明确项目要达到的期望结果，即项目能交付的成果。

（2）清晰的项目流程。项目实施过程按照设定的步骤进行。

---

① SAP: system applications and products的缩写，即企业资源规划系统。
② SRM: supplier relationship management的缩写，即供应商关系管理系统。
③ SWOT分析法：strengths，weaknesses，opportu-nities, threats的缩写，即态势分析法。

（3）紧凑的时间控制点。项目的成功除了交付的成果，在何时能交付出满意的成果也至关重要。

（4）高效的团队组织。人是项目的核心要素，匹配人力资源、匹配有能力的人，达成团队协作才能保证项目成功。

（5）定期的沟通计划。项目完成的必要条件之一是团队之间，以及与外部合作方的定期沟通、及时向上汇报（寻求指导）、向下传达（确保项目高效执行）。

> **【案例】**
>
> 一家工厂的采购部计划实现MRO[①]采购数字化，即将用于设备维护、维修、设备运行所需的备品备件和消耗品通过电子平台进行采购，利用项目管理方法制定的实施步骤如下：
>
> ①明确的项目目标。工厂所使用的MRO产品（含辅料、配件、耗材、劳保、清洁用品）由各使用部门通过供应商提供的平台在线订购，由采购部负责定期支付款项，以实现统一的产品型号，更优惠的价格及更高效的采购与付款流程。
>
> ②清晰的项目流程和紧凑的时间控制点。产品归类与选型标准化（3周）、潜在供应商调研与洽谈（2周）、确立产品范围并发出招标函（2周）、供应商准备标书（2周）、开标评标（3周）、合同洽谈与签署（4周）、系统设置与上线（2周）。
>
> ③有效的团队组织。项目负责人为采购经理，执行人为采购人员A和B，重要的利益关系人是生产部门负责人、公司ERP[②]系统负责人。他们负责提供必要的产品需求信息、定期参加会议讨论方案并对最终供应商的选择提出评定意见。

---

① MRO: maintenance, repair, operations的缩写，通常指维修与作业耗材。
② ERP: enterprise resource planning的缩写，即企业资源计划。

④定期的沟通计划。在时间进度表中的每个时间节点召开小组会议，沟通项目进展与下一步行动计划。项目实施后一个月、三个月、半年召开会议回顾项目运行效果，解决问题，提高效率。

【案例】

某企业的工程施工项目通常采用招投标的采购方式选择供应商。针对具体项目，采购人员需要在项目开始前制订项目管理时间推进表，见表1-1。

表 1-1　项目管理时间推进表

行动计划	计划完成日期	参与人
项目启动会议、组建项目团队、讨论与确认项目目标	2023-9-20	生产部、采购部、工程部
数据分析与统计、产品清单汇总、潜在供应商信息汇总	2023-10-10	采购部
使用部门需求分析、确定产品清单	2023-10-25	采购部、采购部总监
供应商评估及市场分析	2023-11-10	采购部
准备标书、发送标书	2023-11-30	生产部、采购部、工程部
回标及评定	2023-12-15	生产部、采购部、工程部
确立供应商及签署合同	2023-12-30	采购部、采购部总监

三、采购人员应具备哪些专业技能

在招聘采购人员时，有的企业非常重视考察其技术能力，以及对所在行业的了解程度；有的企业则重视考察其商务能力，以及在相关岗位上的从业经验。然而技术能力、商务能力、丰富的经验并不足以证明该名采购人员是否具有足够的专业能力。采购人员应具备的核心专业能力可以概括为以下四方面。

1. 成本构成与价格谈判

有技术能力的采购人员，如由机械工程师转岗的采购人员，优势在于他了解机械设备的内部结构、制造加工工艺、运行原理等。而商务背景出身的采购工程师，对设备本身的了解并不深，但凭长期的采购经验他逐渐了解这类产品的成本构成，如材料、加工工艺、人工、间接成本分摊、运输仓储等，且对每一细项价格的上下浮动范围有较深入的了解，知道从哪几个角度去判断价格的高低，以及应该采取哪些措施谈判以获得更优惠的采购条件。

无论哪种职业背景的采购人员，重要的是他需要对所负责采购物品的成本结构有充分的了解。信息完备，谈判时才有底气，赢得一场谈判的基础在于是否掌握充足的信息。俗话说"买的没有卖的精"，供应商自然是对自家产品、所在行业领域的市场动态、竞争状态等均了然于胸。因而采购人员在谈判前，应尽可能收集完备的信息，包括供应商目前的经营状况，是否对这笔买卖非常看重，对方领导人的风格和性格特点，以及是否有其他更有竞争力的备选供应商等。

2. 供应商资质审核与绩效管理

供应商的选择关系到产品和服务的安全、稳定的供应。选择错误的供应商，轻则会带来交货延迟、质量不佳，重则会造成生产中断、安全事故等。

如何才能做出正确的选择呢？很多采购人员依赖于熟人介绍，且常常凭主观印象确定供应商。依赖所信任的同行推荐曾使用过的供应商，确实是一条有效获得可靠供应商的渠道，但不能代替规范的供应商资质评审，以及在合作过程中对供应商绩效的持续监督与改进。评估和管理供应商绩效需要一套完整、系统的管理制度，通常以计分卡为工具，将不同品类供应商的评估要素、计分原则等列成表格。主观与客观相结合，尽可能给予公平公正的评价结论。

3. 合同与贸易条款

采购人员在与供应商签约时不可过于依赖法务部。如今很多大中型企业都设有法务部负责审核包括采购协议在内的各种法务文件。从合同模板的选择到合同条款的拟定，似乎除了填写供应商信息和提供报价、交付条件、付款条件等信息之外，其他的条款都不再深思熟虑，也不再费心去与供应商谈判，反正法务部审核过了，没有风险就行。

企业法务部，特别是对本行业有丰富经验的法务顾问确实能提出很多有针对性的合同条款意见，但他们毕竟对采购业务不精通，也不可能了解每一个特定领域内的交易条件。这些贸易条款需要采购人员在与多家供应商的谈判中判断与积累。例如，签署多长时间的合同对我方更为有利？如果某类产品价格变动大且有上涨趋势，固定价格、更长时间的合同期限自然更有利。如果合同签署的币种是外币时，如何界定付款时的汇率标准，是合同生效日期的汇率还是提出付款日期的汇率？签署长期合同时如何规定通货膨胀率对价格的影响？

这些条款看似不是合同的关键性条款，但在特定合同中却会对最终支付的价格带来重大影响。学习更多合同法、贸易条款是采购人员保证采购绩效的重要专业能力之一。

4. 品类管理

采购人员专注于一两个产品品类的采购业务，有助于他们对产品品类了解得更深入。在采购工作中的品类管理不仅仅是为了追求对产品知识的了解，更是一种采购思路和工作方法。掌握了这套工作方法，无论到哪一家企业任职都可以轻松打破行业壁垒，在最短的时间内以最快的速度进入到工作状态中。

品类管理在收集采购数据的基础上制定前瞻性的采购战略，跨部门、跨地域、跨公司集中同品类的采购量以获得更高采购效率、更低的采购成本。

以上这四项专业能力，在第二章采购流程管理、第三章品类管理、第四章供应商管理中将深入分析与解读，这里不再赘述。实际上，本书所有内容，包括第五章利益关系人管理，以及第六章绩效管理，也都是采购人员应该具备的专业能力。

四、采购人员应注重品格的培养

素养和品格是基础建设，技术和能力是上层建筑。底层基础不扎实，上层建筑就会崩塌。采购人员应在学习职业技能的同时关注品格的培养，有意识地发掘内在的精神世界。沉着稳定、坚定如山，有强大内聚力的人，在遭到众多反对或一系列打击之后仍然坚定不移、不偏离方向、不轻言放弃。

戴维·布鲁克斯在《品格之路》一书中指出："人的天性具有两面性，一面是外在的，面向职场时展现出野心勃勃的一面；另一面是内在的，渴望拥有崇高的道德品质、冷静的思维、坚定的是非观。外在的天性倾向于追求显赫的地位和功成名就；内在的天性则遵从内心的感召，致力于服务世界。"我们就生活在两种天性的矛盾之中。外在天性遵从的是直截了当的实用主义逻辑——有投入就有产出，追求私利和效用的最大化；内在天性则遵循道德逻辑——要收获必先付出，会先向外部世界做出某种妥协。

第三节　采购部在企业中的组织结构

每家企业都需要从外部采购生产所需的原材料与零部件，以及日常运营所需的设施、设备、服务与产品等。那么，这是否足以成为企业设立采购部的理由呢？是，也不是。

企业确实需要执行采购职能，但并不意味着必须单独设立采购部。在传统企业架构中，生产中所需用到的原材料、零部件等由生产部门负责，而企业运营所需的非生产型服务与设施等，则由办公室、物资科、财务部或行政部负责采购。既然可以从事采购工作的人不一定是独立于业务部门之外的采购部人员，为什么还需要设置采购部呢？

一、采购部的角色

采购部的设立主要基于以下两点原因：

（1）国内外环境和风险挑战日趋复杂严峻。在当前国际竞争越来越体现为规则之争、法律之争的大背景下，企业必须加快提升依法合规的经营管理水平。在此大背景下，各大中型企业纷纷成立采购部、合规部、法务部等，以加强对企业合规、合法经营的管理。

（2）供应链与供应链之间的竞争日趋白热化。英国供应链专家马丁·克里斯多夫说："21世纪的竞争不是企业和企业之间的竞争，而是供应链与供应链之间的竞争"。采购部集中管理所有采购业务，实现流程最短、流程优化、反应最快、成本最省的目标，能从根本上提升企业在供应链竞争中的优势。

采购部的价值体现在两个方面：合规和绩效。采购部从生产部门和职能部门中独立出来，集中所有物料的采购职能于采购部门，经历了相当长一段时间才逐渐改变人们的认知。同社会上普遍认为采购部是腐败最集中的地方这一观念相反的是，采购部的出现恰恰是为了推进采购行为的透明度和合规性。

我们用一张表来阐释传统的分散型采购管理与现代的集中采购管理的区别，见表1-2。

表 1-2　传统分散型采购与现代集中采购管理的区别

分散型采购管理	集中采购管理
采购行为由预算所属部门负责，从采购需求的提出、采购过程的执行、采购结果的验收都由预算部门负责。采购结果的好坏都由预算部门说了算	预算部门提出采购需求、采购部根据需求说明执行采购过程、质量（仓储）部门负责产品的收货和验货、财务部门根据票据付款。四个独立部门互相监控、相互牵制。制度更严谨、流程更透明
预算部门从当前需要出发，关注的是短期的效果、自己小部门的需要。各部门都有自己的供应商，产品规格多，价格差距大	采购部汇总和分析各分公司、各职能部门相同或类似的采购需求，集中同类型产品的采购量，和一两家供应商签订合作协议，并推广到各分公司、各部门使用；从采购价格、服务都有更优的保障
不知道合规的具体要求，没有精力应付烦琐的书面文件工作	了解合规的要求，准备完整的流程文件应对外部、内部监管部门的审计
重点是自己的主业，在需要采购时才与供应商联系	定期考察市场、拜访供应商、发展供应商关系

二、采购部的组织架构

在企业组织架构中，通常划分为一级部门、二级部门，甚至还有三级部门。一级部门是直接向首席执行官、总经理或总裁汇报的部门，二级部门则是向一级部门总监汇报的部门，以此类推。尽管人们往往认为采购部应是独立的一级部门，但实际上并非如此，采购部在企业组织结构中属于二级甚至是三级部门的情况也较为常见。

采购部的组织架构通常分为以下几种形式：

1. 根据业务性质设立的采购部

依据采购业务的类型，即直接物料和间接物料分开设立采购部。每家企业都有自己的主营业务，如手机生产厂、汽车制造厂、服装制作厂、药品生产厂等。企业是通过出售产品获得利润的，从而得以生存和发展。与主营产品的生产与制造过程直接相关的物料采购被称为直接采购，或者称为生产型采购。直接物料的价格需要计入产品成本，除此之外企业运营所需要的设施、物品、服务的采购被称为间接采购，或者称为非生产型采购。

直接采购所采购的物品与生产息息相关，且进入生产成本，因而负责直接采购的团队通常隶属于生产部门或者供应链管理部门。而间接采购所采购的物品和服务是为企业运营服务的，是企业的经营费用和开支，通常归属在财务部之下。也有极少数企业，因为间接采购量不大，也会归在人事行政部门之下，但这种情况不多见。间接采购的范畴非常广，大到厂房、小到卫生纸，而且任何企业的运营都离不开这些物品与服务，这也意味着间接采购在择业时没有太严格的行业限制。

采购部依据直接采购和间接采购的性质而设立的汇报线，强调的是采购的业务伙伴职能，而其所服务的部门被称为内部客户。采购人员与其主要利益关系人同属于一个大部门下，有助于相互之间的了解，因而目标的设立更明确，工作中的配合从理论上也会更加顺畅。

2. 独立采购部

随着现代采购管理理论的成熟，企业越来越重视采购职能的作用，并据此整合了直接采购和间接采购业务，设立了独立的采购部。采购部负责人可直接向企业最高管理层汇报。由于采购部不再隶属于生产部或财务部，而是与这些一级部门平级，能参与到企业管理层会议，这使得采购负责人能够第一时间获得企业发展战略的信息，及时了解其他一级部门的运营状况，采购部对外发声也变得更加直接而有力度。

3. 全球采购部

大型跨国企业的采购组织结构出于全球化采购的考虑，会成立集团层面的全球采购部。通常各地分公司的本土采购人员需要向总部的采购管理人员汇报，一般是按采购的品类设立汇报线。本地有可能设有统管的采购部经理，也有些企业不设当地的采购部经理，而是都直接向总部对应的品类采购经理汇报。

采购组织全球化的设立主要考虑的是集中采购量，统一与关键性供应商签署全球采购协议，以及从低成本国家采购原材料，以供应全球各地分公司的战略；这种全球性的职能部署能产生良好的协同作用。

下面是两家企业采购部发展演变历程的案例。

【案例】

一家法资环保集团于1995年在广州市成立合资公司，开始以合资公司的名义在中国承接水处理工程项目。采购部隶属于项目执行部，主要工作范围是为工程项目采购配套的设备，如水泵、阀门、电气和自动化设备等。

2002年，公司总部搬迁到北京。2022年，经过二十年的发展，公司从几十人逐步发展到数百人，组织结构也发生了巨大的变化。采购部已经从项目执行部中独立出来，直接向全球采购VP[①]汇报。同时团队结构更清晰，分为直接采购、间接采购、供应商质量、物流仓储四个小组。

过去在归属于项目执行部时，项目经理对所采购的设备有很大的话语权，容易使采购部的工作受到一定的干扰。独立后的采购部在全球采购统一的规范和流程下，能发挥更大的效用。

【案例】

2007年，一家法资包装机械制造企业在中国建厂，新工厂将国

---

① VP: vice president的缩写，即副总裁。

外的多条包装生产线搬到国内实现本土化生产，除为中国市场提供产品外，也为全球其他市场提供价格更低廉的包装生产线。

采购部自成立以来就是独立的部门，分为直接采购、间接采购和供应商质量三个小组。采购总监直线向公司CEO汇报，虚线向总部采购VP汇报。

在经历了十多年的发展后，该企业划分为运营公司和商务公司两大板块。采购部实施全球化管理，不再直线向中国公司的CEO汇报，而是按品类划分，每个品类的采购负责人直线向总部所对应的品类总监汇报，虚线向中国公司CEO汇报。

企业层面的大质量部成立，将供应商质量部从采购部门分离，归属于大质量部之下。

思考与练习

（1）你所接触到的和你所理解的采购工作是怎样的？

（2）你的专业和你想进入的行业有关联吗？如果没有关联，你是如何进入该行业的？

（3）仔细思索一下自己有哪些通用技能和专业技能，应该如何提升和加强这些能力？

（4）你所在企业的采购部门组织架构是怎样的？同供应链其他职能部门的交往和联系多吗？你是否会有意识地与它们建立更多的联系？

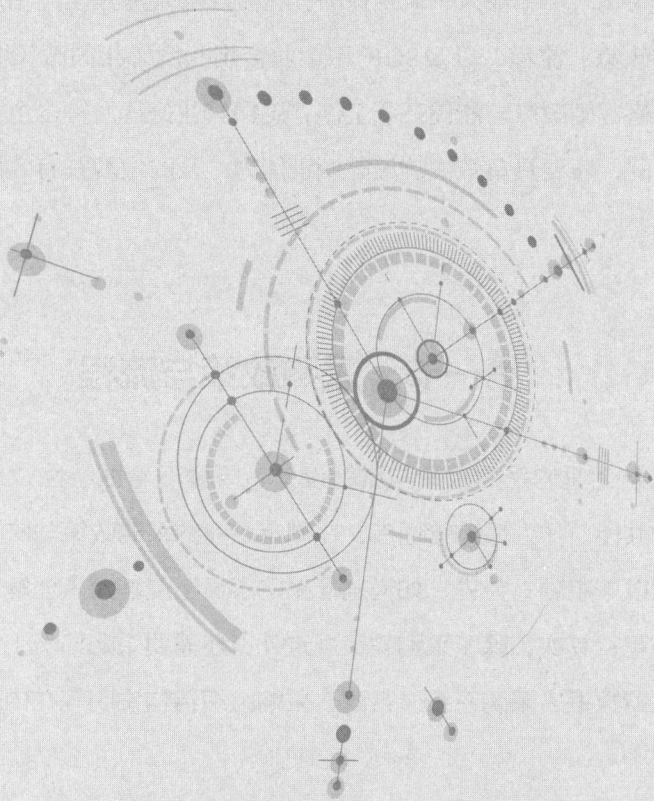

第二章

采购流程管理

当采购人员新加入一家企业时，首要任务是深入学习和理解该企业的采购政策、流程，以及SOP①和企业合规制度等相关政策。每位员工都应严格遵循政策与流程开展工作，确保其业务行为符合企业的管理规定。同时，还要具备敏锐的风险识别能力，及时发现并有效控制任何可能的偏差。

第一节　采购政策与流程

每家企业的采购政策与流程设计，既体现着独特性，也蕴含着行业内的共性。作为采购管理者，在制定企业的采购政策与流程时，应着重注意以下事项：首先，如何确保采购部员工能够深入理解并准确执行采购流程；其次，除了采购政策规定外，还需要采购部员工学习并掌握包含采购数据、采购系统、合同、采购组织结构说明等在内的全套管理文件。

一、采购管理文件

较为全面的采购部管理文件应包含采购组织结构与发展、采购策略文件、采购政策与流程文件、采购文档管理要求、采购部培训文件、采购订单文件、采购项目文件、供应商数据文件及合同文件等内容。严格管理采购文档，不仅是遵循企业财务、法务及合规制度的必然要求，更是避免法律风险、减少经济损失、确保企业合规运营的关键举措。同时，也促进了采购人员专业能力提升与发展。为了方便新入职的采购人员全面了解企业的采购管理内容，下面简单列举了采购管理应涉及的几类文件：

---

① SOP: standard operating procedure的缩写，即标准操作程序。

（1）采购部愿景与战略。主要包含采购部组织结构与人员发展规划、人员培训、采购部愿景、目标、战略及衡量等。本书第六章绩效管理中将对此进行详细的阐述。

（2）采购政策与流程文件。主要包括流程范畴、流程图、流程详解，以及在流程执行中应遵循的一些细则等。这是本章要重点讲述的内容。

（3）采购产品、服务品类范围与品类策略。本书第三章品类管理中将详细讲述产品的分类原则，以及品类管理的相关规定。

（4）采购部关键绩效指标及数据报告。本书第六章采购绩效管理中将详细讲述如何制定关键绩效指标（亦称KPI），以及采购人员应了解的数据报告的制作。

（5）供应商文件。主要包括新供应商引进时的"供应商信息调查表""供应商评审表""新供应商申请表"，以及定期回顾供应商表现的"供应商绩效评估表""供应商等级评定表"、供应商投诉及整改文件等。详见本书第四章供应商管理。

（6）采购部订单文件。从请购到付款的全过程是每家企业的基础管理范畴，这也是本章要讲的内容之一。采购订单文档包含使用部门提交的采购需求单、供应商的报价单、采购订单或采购合同、使用部门的收货单、供应商的发票，以及财务部的付款凭证。采购需求单、供应商报价单、采购订单、收货单、供应商发票，这五种单据上记录的产品名称、描述，以及金额原则上应该是一致的。

（7）采购部合同文件。根据合同管理制度的要求，合同签字版及电子版，合同所有必要的附件如价格明细、技术说明书、服务方案等均应妥善保存。列出合同清单并设置提醒，及时维护与更新，保证合同及时续约，避免法律风险。

（8）采购系统的功能说明文件。与企业ERP系统相关的文件要求，如主数据的管理、为内部审计和外部审计准备的审查文档、合规政策与要求等。

二、采购流程

采购政策与流程的管理，涵盖采购流程文件的组成内容、版本更新要求等。在第一章中详细讲解了采购部的组织结构及其职责划分。值得注意的是，基于不同的组织结构，所制定的采购政策与流程制度也有较大差异。比如，直接采购和间接采购的政策与流程需分开设计与制定，寻源流程与订单流程应分开制定。此外，针对不同品类的产品与服务的采购，会采用分支流程或流程附件的形式规定操作细则。同时，与流程相关的模板、表格等辅助工具，也是采购流程文件中不可或缺的组成部分。

【案例】

某企业采购流程文件列表，见表2-1。

表 2-1　采购流程文件列表（样例）

序号	文件编号	版本	文件名称	生效日期	下次更新时间	文件类型
1	SOP-PU-Dir-001		直接物料采购管理规程			标准操作规范
2	SOP-PU-Dir-002		直接物料采购流程图			流程图
3	SOP-PU-Dir-003		直接物料供应商管理规程			标准操作规范
4	SOP-PU-Dir-004		直接物料供应商主数据管理规程			标准操作规范

续上表

序号	文件编号	版本	文件名称	生效日期	下次更新时间	文件类型
5	SOP-PU-FORM-001		直接物料供应商绩效评估表			表格
6	SOP-PU-FORM-002		直接物料新供应商审批表			表格
7	SOP-PU-FORM-003		直接物料信息记录审批表			表格
8	SOP-PU-FORM-004		直接物料货源清单审批表			表格
9	SOP-PU-Indir-001		间接物料采购管理规程			标准操作规范
10	SOP-PU-Indir-002		间接物料供应商管理规程			标准操作规范
11	SOP-PU-Indir-003		请购到付款 P2P 流程图			流程图
12	SOP-PU-FORM-005		供应商选择表			表格
13	SOP-PU-FORM-006		间接物料供应商信息调查表			表格
14	SOP-PU-FORM-007		间接物料供应商评估表			表格
15	SOP-PU-FORM-008		间接物料新供应商审批表			表格
16	SOP-PU-FORM-009		紧急采购申请表			表格
17	SOP-PU-FORM-010		唯一供应商申请表			表格
18	SOP-PU-FORM-011		采购申请单			表格
19	SOP-PU-FORM-012		采购订单			表格
20	SOP-PU-FORM-013		验收单			表格
21	SOP-PU-FORM-014		付款申请单			表格
22	SOP-PU-InDir-004		会务、活动服务采购流程			标准操作规范

续上表

序号	文件编号	版本	文件名称	生效日期	下次更新时间	文件类型
23	SOP-PU-FORM-015		会务、活动需求申请表			表格
24	SOP-PU-FORM-016		会务、活动结算表			表格
25	SOP-PU-FORM-017		会务、活动服务评估表			表格
26	SOP-PU-InDir-005		零星施工工程服务采购流程			标准操作规范
27	SOP-PU-InDir-006		MRO电子采购流程			标准操作规范
28	SOP-PU-InDir-007		专业服务采购流程			标准操作规范
29	SOP-PU-InDir-008		临床试验服务采购流程			标准操作规范
30	SOP-PU-InDir-009		资产设备采购流程			标准操作规范

三、采购政策及流程的制定与设计

企业在制定采购政策与流程时，需要明确注明流程目的、适用范围、角色与职责、审批与生效和变更管理等事项。

1. 流程目的

采购流程的目的在于明确产品与服务类采购应遵循的政策和方法，确保采购行为符合国家颁布的法律法规，以及企业内部控制流程规定；确保供应商甄选流程以透明、客观和公正的方式执行，与企业的信条和行为准则保持一致。确保采购的产品和服务优质优价，供应商能提供快速准确的响应，并保证准时交货。

2. 适用范围

采购政策与流程的适用范围通常写明适用的企业内的各分支机构，相应的产品与服务品类，以及品类的划分。直接采购与间接采购的品类划分可参见第三章品类管理。对间接采购未完全实现集中化管理的企业，间接采购管理流程中需要写明采购流程适用的品类，通常情况下，采购部制定的政策与流程规定不适用于尚未集中管理的产品和服务品类。

3. 角色与职责

任何一项采购项目的完成都会涉及多个部门的合作，并不是采购部能独立完成的。通常涉及的部门有业务部门、采购部、财务部和质量部。

业务部门提出采购申请，并确保采购申请中的产品或服务描述，如规格、预算、成本中心、账款代码、预期交货期等信息需要填写完整。采购申请必须建立在总体需求基础之上，需求者不能将实际采购需求拆分以规避相应的审批流程。

采购部承担供应商管理的职责，涵盖供应商寻源、供应商资料收集、供应商选择、供应商绩效评估等。在直接采购管理规程中，质量部是审核供应商资质的主要部门，生产部、采购部主要是辅助参与。而在间接采购管理规程中，跨部门团队将参与供应商的选择，审计及绩效评估。跨部门团队包括采购部，质量部、生产部和（或）相关业务部门，各部门委派的代表人员应当按时完成相关项目的评估。

某些职能部门在必要的时候也会参与到采购流程中，如财务部参与供应商财务资质审查、合规部和环境健康部参与对供应商的合规政策、环境健康政策的评估等。

4. 审批与生效

由于采购项目涉及多个部门的合作，因此需要对各个部门的行为进行约束与管理。采购部在设计起草流程后，需获得相关部门的审批方能生效。

5. 变更管理

采购政策与流程通常每两到三年更新一版，更新后需要在新版本中记录与旧版本的差异。

第二节　采购流程的详细规程

一、直接采购政策与流程

直接采购的管理通常按两套流程进行管控：其一是采购订单与催单管理流程；其二是供应商管理流程。前者由采购部为主导，后者由质量部或者质量保证部为主导。供应商管理流程会在第四章详细讲解。本小节重点讲解直接采购管理流程。

1. 适用范围与职责

适用范围：详细定义采购流程涵盖的产品和服务名称、种类及定义。例如，制药企业的直接采购品类包含原料、辅料、包装材料、中间体等。在流程的适用范围中列出产品分类，也为各部门间的职责划分作了界定。

职责：对于本流程中适用的产品品类，各参与部门如采购部、质量保证部、质量控制部、物流仓储部、生产部等各司其职，即采购部负责供应商的选择与管理，以及采购订单管理、质量保证部负责供应商评审与签署质量协议、质量控制部负责产品的质量验证、物流仓储部负责收货验货、生产部负责制订生产计划及物料需求计划并对产品使用情况提供反馈，等等。

2. 采购订单与催货

采购订单：生产部或供应链部根据物料需求计划在系统中生成采购申请，采购部在采购申请的基础上创建采购订单，并获得政策规定的授权审批。采购人员应确保所采购物品的名称、规格、验收标准、交货期准确无误等。

催货：采购人员根据订单和交货期制订催货计划，确保产品按时足量交付，避免因供货延迟造成生产停工的风险。

某企业采购部制定的催货策略包括如下内容：订单须至少提前一个月发送邮件给供应商要求确认到货时间。针对交货期长的，特别是涉及进出口的货物，制定半年、三个月、一个月的催单频次；对于过往交货表现不稳定的供应商，增加频次多渠道联络供应商，确保供应准时、保质、保量。同时采购人员应及时了解市场货源、物流状况、其他社会现象，如全球政治及经济局势等，据此判断是否会影响到货情况，并及时调整催货策略，同时与生产部门沟通相应的备货计划。采购人员还应掌握多种供应商联络方式，包括但不限于以下内容：主要联系人的电话、邮箱、即时通信工具、办公场所地址，以及直属上下级的联系信息等，以便在紧急情况下能够多方交涉，确保及时交货。

3. 收货与付款

收货：库房在接收到物料后，库房管理员应按照验收标准对物料进行检查与验收，一旦发现质量问题，应由采购人员协调处理，并将问题物料退回给供应商。

付款：采购人员需根据双方约定的账期，适时向财务部门提交付款申请，并附上所需的付款材料以供审核。

4. 供应商绩效评估

采购人员组织跨部门团队对供应商的表现进行年度评估，各部门根据各自的职责范围作出相应打分，如质量部负责对产品的质量表现打分，生产部负责对产品的使用状况打分，采购部负责对成本表现打分，等等。如何开展供应商绩效评估，请参照第四章供应商管理。

某企业直接采购管理流程，如图2-1所示。

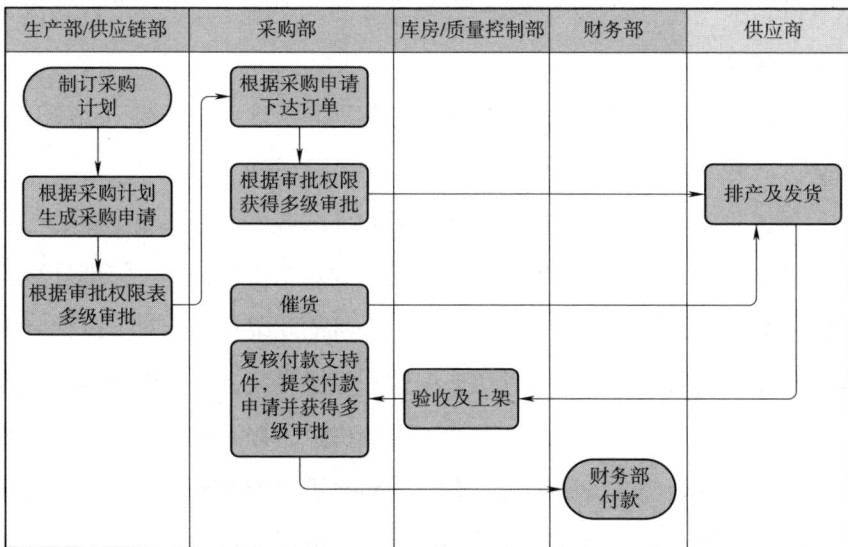

图2-1 直接采购管理流程图

二、间接采购政策与流程

间接采购流程通常也被称为从请购到付款的P2P①流程。P2P流程针对企业间接采购的管理，包含从采购预算的审批，采购部寻源、下订单，到收货、付款的全流程管理。

1. 采购申请（预算）的审批

采购申请单是提起一项物品或服务采购的依据，更是预算审批的依

---

① P2P：procure to pay的缩写，此处指从请购到付款。

据。采购申请应填写的内容与提交的附件，一方面需要有物品或服务的详细描述及其他要求，便于采购部展开寻源工作，另一方面需要包含预算审批的内容如成本中心，会计科目，等等。

采购申请人在提交采购申请单时，必须确保所有的采购需求能有合理的采购执行时间，且必须建立在总体需求基础之上，不能将实际采购需求拆分以规避相应的审批流程。

采购部完成寻源后填写价格与供应商信息，采购申请单会流转进入审批环节。经审批后的采购申请单会流转到订单环节。

采购申请单应包含的一些基本内容，见表2-2。

表 2-2 采购申请单

申请人		申请日期	
申请部门		推荐供应商（如有）	
成本中心		会计科目	
项目周期		整体预算（如有）	
项目描述 （品项描述涉及材质、尺寸、数量、工艺、参照样品、特征属性、质量要求等，服务类项目涉及服务内容、供应商资质、特殊需求等）			
具体需求			
产品（服务名称）	描述（规格）	计量单位	数量	需求时间
部门主管批准		日期	
财务总监批准（根据限额）		日期	
总经理批准（根据限额）		日期	

2. 采购寻源流程管理

采购寻源是指寻找供应来源、确定价格与选择最终中标供应商的过程。采购人员为保证企业所需产品和服务供应的连续性，必须确保企业所需的产品和服务具有合格的和充分的供应来源。通常采购部在收到采购申请，检查需求描述完整无遗漏后发起寻源流程；或者采购部负责人或采购品类负责人根据采购战略的需要发起新供应商或优选供应商的寻源流程。

在采购申请的基础上发起寻源流程可分为以下两种情况：

（1）现有供应商仅需询价和比价的情况。

（2）现有供应商无法满足需求，须启动新供应商引入流程。

在启动寻源流程之前，采购人员应先制定采购策略，并严格依据该策略执行后续的寻源流程。采购策略文件通常包含：项目小组成员名单、项目时间表、供应商资质要求、产品或服务描述与要求、拟采用的采购方式、询价单或招标书、评分表等。

采购策略的制定与企业的采购政策紧密相关。例如，某些企业会根据采购申请的金额大小设定一个或多个供应商的报价要求，以避免腐败的风险，为企业争取更大的利益。某企业规定5万元以下的采购申请无须比价，可接受现有合格供应商提供的一份报价；5万元~50万元要求有三家供应商参与报价与比价，综合评估后选择最优者；50万元以上的采购申请要求以密封招投标的形式进行供应商选择，组成跨部门评审小组共同参与招投标流程，包含标书的最终确认、评估要素的确认、标书澄清与听标、评标、打分等。

很多采购人员认为三方比价是一种采购方法，实际上更准确地说三方比价是一种为了避免腐败的采购政策规定。采购人员根据企业的政策要求，以及项目的不同特点在采购策略中应提前确定应采用的采购方式。

（1）邀请招标。它是相对于政府采购中常用的公开招标而言的。公开招标流程复杂、成本较高，因而非政府机构的企事业单位往往采用非公开性质的邀请招标，即参与投标的单位都是邀请的，数量不会太多，所以招标的费用相对较少、周期较短、效率较高。招标形式较为复杂，因而适合用于需要准备技术和（或）服务方案、设计和（或）创意文案的项目，或者金额较大的固定资产设备等的采购。

（2）竞争性谈判。它是指采购方通过与符合资格条件不少于三家的供应商分别谈判，商定价格、采购条件和合同条款，并允许供应商二次报价，最终确定成交供应商的采购方式。适用于招标后没有供应商投标或者没有合格的或者重新招标未能成立的；技术复杂或者性质特殊，不能确定详细规格的；采用招标所需时间不能满足用户需求的；不能事先计算出价格总额的采购项目。

（3）密封报价。它是指采购方向符合资格条件的不少于三家的供应商发出采购货物询价通知书，要求供应商一次报出不得更改的价格，采购方从中确定成交供应商的采购方式。适用于采购的货物规格、标准统一、现货货源充足且价格变化幅度较小的采购项目。

（4）目录采购。针对金额较小，但重复性采购频次高的采购业务，如维修与作业耗材、办公用品、礼品等，采购人员启动优选供应商评估流程（可参见第四章），与最终选择的供应商签署年度协议，固定采购价格，类似于商品目录。使用部门在提出采购需求后，采购人员无须比价，直接按年度价格下单采购物品。

（5）询价与谈判。主要用于金额较小，非重复性的采购，以及特殊情况采购，如紧急采购、唯一供应商采购。这几种情况下的采购业务无需或者无条件进行供应商比较，采购人员应在发起询价后与供应商谈判，以获得最好的采购条件。

紧急采购是指使用部门因所需物品或服务关系重大，若不立即采购会影响到生产的顺利进行或者停产事件；或申请部门所采购的产品或服务金额较大且时间要求不足以支持采购进行询比价，使用部门就紧急采购需求须填写"紧急采购申请表"，见表2-3，并得到企业相应高级管理层的书面确认后，由采购部执行采购行为。

表2-3　紧急采购申请表

项目名称				
项目目的				
原因描述				
处理措施				
产品 / 服务描述		数量		预估总价
预计交货日期 / 地点				
签字与审批				
申请人	部门负责人	采购部经理	财务总监	总经理

唯一供应商采购通常是指需要向某一特定供应商采购特定的物料或服务，所购产品或服务的来源渠道单一，需要填写"唯一供应商申请表"并提供详细说明，见表2-4。经过充分调查，只有此供应商有能力提供符合特定需求的货物或服务。单一采购来源通常包含如下情况：原厂设备的相关备件及服务；政府控制的服务和产品；专利/所有权拥有者；总部签约的全球供应商；知名品牌的独家代理商或经销商；延续性的调研服务；某些特殊关系如本地政府、关键客户、关联战略合作伙伴的指定供应商，等等。

表 2-4　唯一供应商申请表

项目（服务）	
供应商	

请勾选合适的选项

无论由于如下任一种原因需要指定供应商时，都需要获得相应审批。

1. 专利（所有权）拥有者

2. 满足亚太区对设备（工程规范）的特定要求或建议。请附相关说明性文件（邮件）

3. 兼容性（更换配件、独家经销商）

采购项目是与现有设备相兼容的一个组成部件（维修部件）或辅助件，现有设备名称：×××

4. 延续性的调研项目（此供应商在过去提供过调研服务，未符合公司标准，且在其他供应商不能提供延续性的调研服务时）

5. 在收到确切的采购需求的情况下，比价流程无法在时限内完成

6. 其他（提供详细说明）

批准

申请人		部门负责人批准	
财务总监批准		总经理批准	
采购经理批准		采购部负责人批准	

　　如需引入新供应商，具体的审核与选择流程，请参阅第四章供应商管理。

　　关于寻源过程的其他说明：比价单的有效期通常不应超过一年。在一年内，若已针对类似产品或服务完成了比价或竞争性投标，则无须重新比价。

3. 采购订单管理

（1）采购人员在生成订单时须保证内容完整及准确，并获得相应权

限的审批。订单信息至少包含如下内容：供应商信息及联系方式、采购订单号及生成日期、成本中心、单价与总价、产品型号（服务内容）详细描述、数量、价格、币种、交货期及交付方式、付款方式及条件、收货联系人地址。

（2）采购订单的审批人通常为采购经理、采购总监，有的企业也会由财务总监或者总经理审批。在订单获得审批后若需更改关键性条款，如价格、技术参数等，通常需要修改订单并重新获得相应审批。采购人员给供应商发出经审批后的采购订单需要供应商回传确认函。

（3）订单跟踪。采购人员负责跟踪订单的交付，保障及时到货，如跟踪交货期，生产情况、运输情况等。间接采购业务对订单交付的管理相对而言没有直接采购的交付管理要求严格且规范。

（4）验收与付款流程。在间接采购业务中，接收人多为采购申请人，而非库房，且质量部通常不直接参与质量检验。因此，如何有效管理收货，以确保货物质量合格并防范风险，是个关键。有的企业采取双签制度，要求验收单上除采购申请人签字外，还需指定部门另一名人员确认收货并签字，以此双重验证货物或服务是否真实发生与质量达标。也有的采购部要求采购申请人提交产品质检报告、材质报告等文件以证明货物的合格性。如果是服务类采购，则可能要求采购申请人提交创作成果、服务评价报告或现场图片等，以证明该服务确有发生。最为严谨的企业则会安排采购部门直接参与验收过程。

在提交付款申请时，收货证明文件是必须提交给财务部的关键证明文件之一。财务部在收到付款文件后，会根据"三单匹配"原则检查付款文件，确保采购订单、收货单和发票这三张单据的内容与金额完全一致。无论是采购申请人还是采购人员负责提交付款申请，都毫无例外，只要是提交付款申请的负责人都需要自行检查三单是否匹配。

P2P采购流程的完整示意图，如图2-2所示。

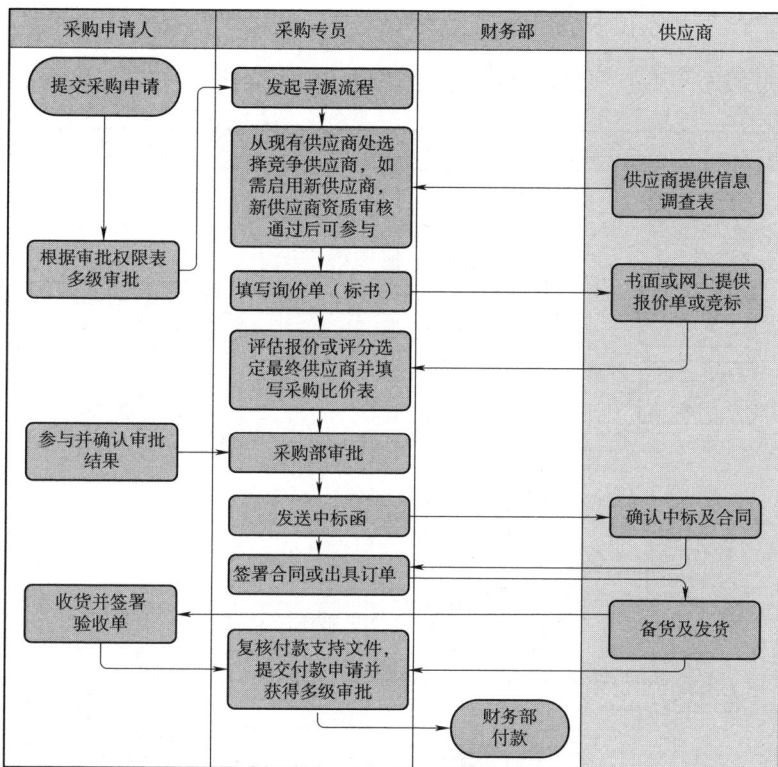

图2-2　P2P采购流程图

三、间接采购不同品类的采购流程设计

1. 零星施工工程项目采购流程设计

零星施工工程项目是相较于如新建厂房、大型设备安装等重大项目而言的。通常是企业的办公楼宇、工厂厂房及生产设备全部到位后，在正常生产运营过程发生的中小型施工工程项目，如厂房维修、翻新、增补，以及设备维修改造等。

在零星施工工程项目的采购中，较为复杂的环节是明确采购需求。当工程部负责人需要对厂房、车间或设备等进行维修时，通常会邀请2至3家供应商到现场，说明需要维修的区域、期望采用的材料品牌，以及预期达到的标准等要求。供应商则基于这些需求来制定各自的方案和提供报价。由于各家供应商的施工方案和所使用的材料会有差异，如何规范比较是最为困难的部分。零星施工工程的采购流程图，如图2-3所示。

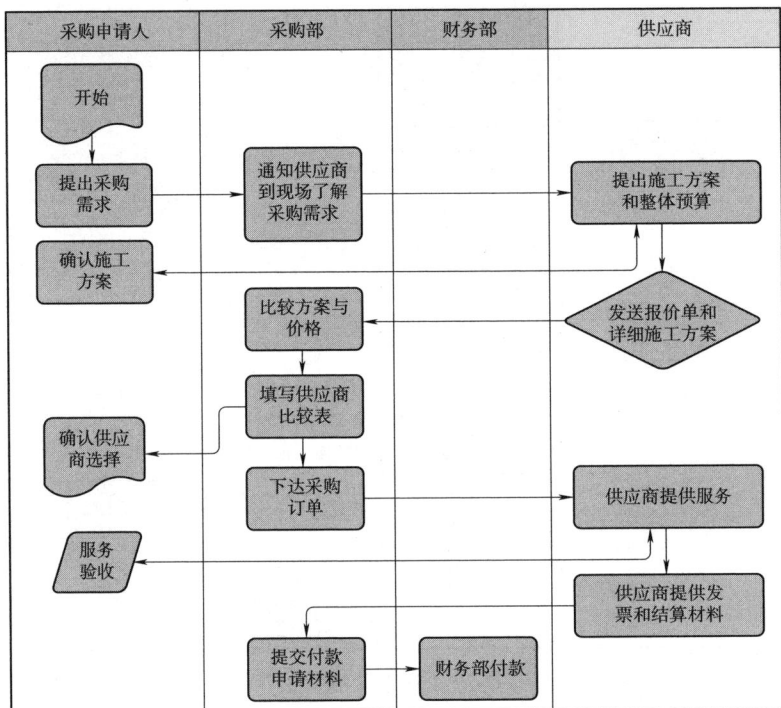

图2-3　零星施工工程项目采购流程图

2. MRO采购流程设计

MRO的采购是一个特别有挑战性的品类采购，在第三章品类管理中会提供更详细的案例说明。某企业与国内知名的MRO平台商签署合同，上线了MRO电子采购。其电子平台采购流程图，如图2-4所示。

3. 会务会展采购流程图设计

会务会展服务采购主要包括会议场地、交通住宿餐饮、会场布置与活动安排、会场服务等项目。大中型制药企业对会议服务采购的管控非常严格，除活动组织部门及采购部外，合规部也会参与费用结算。某企业的会议服务采购流程图，如图2-5所示。

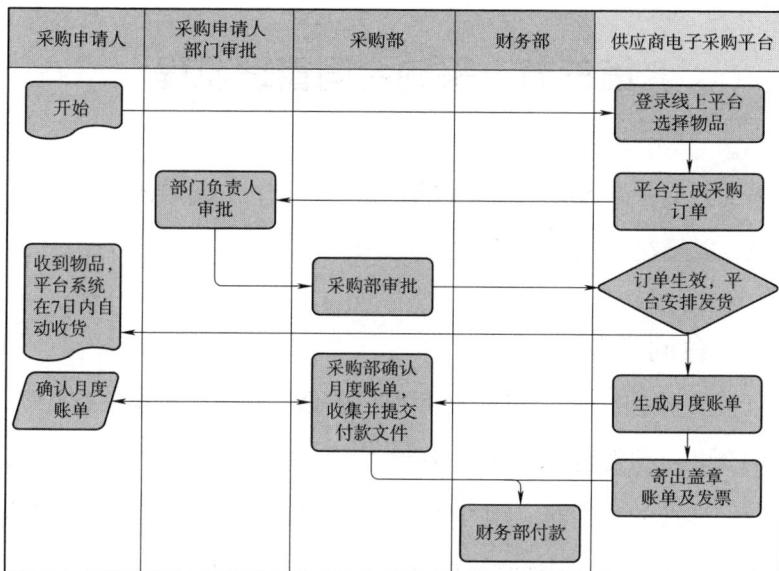

采购申请人	采购申请人部门审批	采购部	财务部	供应商电子采购平台
开始				登录线上平台选择物品
	部门负责人审批			平台生成采购订单
收到物品，平台系统在7日内自动收货		采购部审批		订单生效，平台安排发货
确认月度账单		采购部确认月度账单，收集并提交付款文件		生成月度账单
			财务部付款	寄出盖章账单及发票

图2-4　MRO电子平台采购流程图

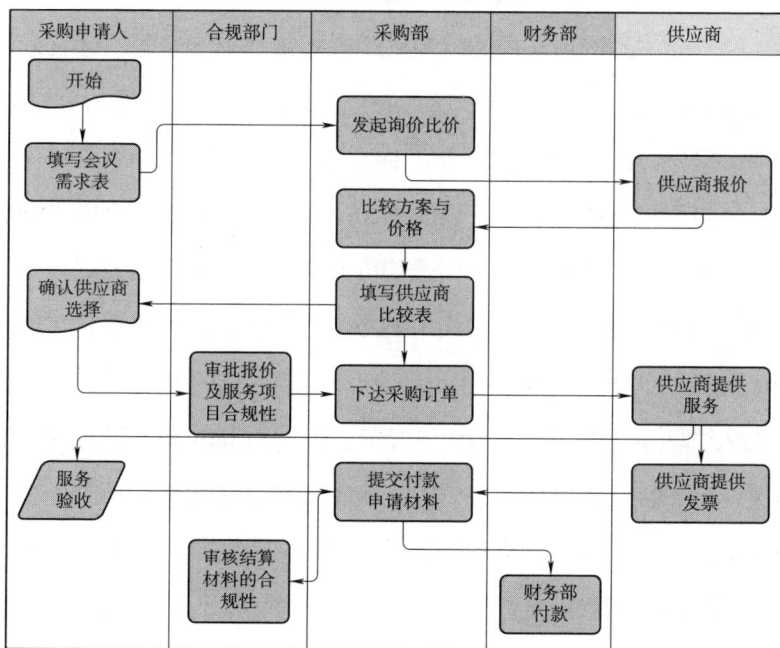

采购申请人	合规部门	采购部	财务部	供应商
开始		发起询价比价		
填写会议需求表				供应商报价
		比较方案与价格		
确认供应商选择		填写供应商比较表		
	审批报价及服务项目合规性	下达采购订单		供应商提供服务
服务验收		提交付款申请材料		供应商提供发票
	审核结算材料的合规性		财务部付款	

图2-5　会议服务采购流程图

第三节　采购合同管理流程

下面介绍采购人员应掌握的合同管理规则，涵盖合同类型、合同审核要点，以及在归档时需要注意的事项。

一、合同类型

（1）从采购的产品或服务类型划分的合同种类：设备采购合同、服务采购合同、租赁合同、咨询合同、临床试验合同、物业管理合同等。采购部门涉及的其他非采购类协议：质量合同、保密协议、许可协议。企业法务部的合同模板通常是根据产品和服务类型制定的。

（2）从合同价格约定的合同类型：总包价格、固定费率、变动价格合同。前一节讲到的目录采购就是采用的固定费率的合同，通常针对重复采购频次高的小额产品，或者针对性质较单一的服务采购中的人工单价或项目单价；比如翻译服务合同中约定的中译英或英译中的每千字费率等。总包价格一般是期限不算太长，产品和服务的市场价格变动不大的项目，为避免供应商随意增项或加价而采用的签署合同方式；比如施工项目中隐蔽工程和各种增项让采购方较为头疼，因而签署总包价或一口价能避免一些不必要的纠纷。变动价格合同主要指较为长期的项目，比如临床试验项目通常会延续3~5五年，因为时间较长，供应商更倾向于签署变动价格，或者要求一定的人工率涨幅等。另外，随市场波动大的原材料的采购，通常也会签署变动价格，如铜、钢材等的价格随国际市场原材料市场起伏不定。

（3）从合同期限划分的合同种类：一次性采购合同、年度采购协议、长期合同。

（4）从合同的严谨度、复杂程度、从属性划分的合同种类：采购订单、通用条款、采购合同、主框架协议、补充协议。哪个契约文件的法律权限更大？通用条款什么时候适用？一般来讲，采购合同是最为严谨的契约文件。采购合同指带结算金额的合同，主框架协议通常约定了买卖双方就某产品或服务的采购达成的权利、义务条款等，不包含具体金额。主框架协议需要绑定采购订单或服务订单才能有效。针对某些风险较小的小额采购，签署合同过于费时费力，这时通常就只需要出具采购订单。通用条款是采购订单的绑定条款，供应商接受采购订单意味着也同步接受了通用条款的规定。

二、合同审查

在经历了供应商寻源的曲折，以及艰苦的合作条件谈判后，采购人员终于选定了供应商，搞定了基本采购条件，进入到最后的合同文本准备、审核与签署环节。

或许是因为前期投入了太多精力，也或者是认为审核合同是法务部的责任，采购人员在准备和审查合同的阶段投入的关注度明显不足。特别是谈判周期长的项目，在进入最后合同文本的确认时，有些采购人员没有尽到该尽的撰写条款及审核条款的责任，甚至一些曾经花费大力气谈成的关键条款都没有严格落实在纸面上。为避免虎头蛇尾，给企业带来不必要的损失，合同检查清单（见表2-5）可帮助采购人员在复核合同条款与内容时确保不出纰漏、不留有遗憾。采购人员在检查合同内容时，应一一找到合同文本中对应的与下面检查项相关的条款，对照谈判阶段的记录，检查其准确性及完整性。

表 2-5　合同检查清单

检查项	详细说明	潜在风险
预算审批	权限合规、签字完整、使用部门反馈	严格按政策完成内部预算审批才可提交合同签署，否则将面临合同无效，不能支付款项的风险
供应商名称	合格供应商目录内、名字准确	合同文本中的供应商信息应与企业 ERP 中的信息一致，包含供应商名称及注册地址等
产品	产品（服务名称）及描述、型号规格、数量、其他说明	最稳妥的方式是在合同文本中列明产品或服务描述外，另附上供应商提供的产品规格书/服务方案作为补充
价格	单价（阶梯价、明细价）、总价、折扣、税率、是否一口价、价格变动处理；支付币种、汇率基准、通货膨胀率	仅有单价和总价，不是完整的价格条款。忽视其他如币种、汇率、税率等会给企业带来经济损失
付款	分期付款、是否预付、账期、发票、银行账户名称准确	对非知名品牌、或小规模的供应商，一般不接受预付款条款，以避免损失；发票的种类涉及税率，也需要在合同中明确
交货	产品交付日期（服务执行日期）、进度要求、交货条件	除交付日期外，也需要注意交货条件，如卖方是否负责卸货等。对于大件设备，卸货涉及租赁吊车，产生额外费用，因而需要额外注明
验收（设备）	质量标准（质量协议）、验收条件、验收文档	不同产品（设备）遵循的质量标准不同，有些是通用条款，有些需要特别注明，或要求提供产品合格证、第三方检验证明等
验收（服务）	服务标准协议（SLA）	对于服务类采购，供应商在谈判期间往往会承诺服务标准，如接到投诉后的反应时效是两小时等，如果不写入合同且在实际执行中无追踪，这些谈判的结果也就没有效果
违约	替代方案、惩罚条款对等、不可抗力定义	对于违约的惩罚条款等，通常由法务部把控标准条款，但对于违约后引起的后果如何解决，采购人员仍然需要在谈判中确定解决方案，并写在合同中。比如如果发生延期交货，供应商能否提供临时的替代产品，以满足紧急需求
设备专用	售后服务条款，备品备件价格（3~5 年）	对于大型的资产设备，在采购时把 3~5 年的售后服务和备品备件价格放入谈判中一起比较，往往能获得比采购后再单独谈备品备件能获得更优惠的条件

续上表

检查项	详细说明	潜在风险
服务专用	在合同期间发生服务变更，需要签署合同变更，即变更协议时的约定条款	一些长期的服务协议，如临床试验服务，合同期内的服务内容会发生较多变更，因而在签署主合同中要注明发生变更时仍然遵循主合同的价格和服务标准条款，以避免供应商随意涨价或降低服务水准
合同期限	两年自动顺延两年、一次性合同、质保期结束	对于不涉及具体价格的框架协议，可以签署自动顺延条款，保障合同风险的同时节省采购人员的工作负荷
合同管理	记录及设置提醒续约日期；如不续约、结款及关闭订单；合同最终文本的保存与查询	采购部在合同归档时应设置合同到期提醒，以避免未及时续约带来的风险

第四节　采购成本管控流程

采购管理流程是约束采购行为的规程，而采购工作能否达成降本增效的目标，重点在于是否掌握了战略成本管理方法。采购流程中的三家比价只是采购方式中的一种做法，过于强调其重要性，会使一些初级的采购人员走进只知道比价和砍价的盲区，导致不懂得分析成本构成，不懂得辨别供应商，不懂得思考采购策略和谈判战略。

【案例】

某企业需要招聘高级采购员，一名不满30岁的小伙子前来面试。他的经历非常独特，高中毕业参军，退伍后机缘巧合进入一家小型私人企业负责采购工作，一年后受到老板赏识被提拔为采购经理，在工作期间通过自考获得大学文凭。

在面试过程中，他自信满满地分享了自己的管理心得。他提到，在团队内部推行了一项通过内部竞争来选择供应商的机制。具体来说，就是针对某个采购项目，他会安排手下的3名采购人员各自拿到3个报价，这个项目便得到了9个报价，然后从中挑选出最低报价的供应商与其进行合作。同时他会根据采购人员被采纳项目的次数来决定每月给予的奖金。他认为这是一种防止采购人员收取回扣，并激励采购人员更加积极寻找最低采购价格的管理方法。

面试官问了他几个问题：这种内部竞争机制是否会造成恶性竞争？一味追求低价不担心采购人员以低质换取低价吗？怎么评判一名采购人员的工作做得好不好，难道只是价格吗？他思索片刻回答道，他也曾经担心过这类问题，但认为自己能够妥善管控。另外，他认为价格仍然是评判采购人员工作成绩的最重要因素。

分享这个案例是想说明，很多采购人员是因为老板信任而转岗从事采购工作，他们没有接受过专业的培训，也没有资深的采购管理者引导，通常会陷入只知道追求低价，缺乏战略成本管理，以及供应商关系发展的战略思维。这种做法既会破坏团队凝聚力和成员相互间的信任与合作，也会造成供应商之间的恶性竞争，最终会给企业带来供应和成本的风险。

本节将分享的是战略采购成本管理方法，这是除比价法之外的采购价格管理方法，以帮助采购人员拓展思路，去了解除了简单比较多个供应商报价外，还有更加前沿且具深度的成本控制管理方法。

一、战略成本管理方法

战略成本管理的概念是应用成本管理技术，在提高企业战略地位的同时，降低企业生产成本和运营成本。企业降低成本的方式很多，有的降本方式实际上会降低企业为客户提供的价值，因而损害企业的竞争力。这种方式违背了降低成本的目的。一般来说，降低成本是为提高盈利能力。而另一些降本方式对客户的影响是透明的或中性的，不会影响客户对企业价值的感知，有的降本方式能增强企业带给客户的价值，采购人员应该学习和采用的恰是这最后一种降本方式。

1. 成本解析

成本解析即成本明细分析，它是确定产品、服务或任何最终交付成果的价格明细的过程，目的是找出构成最终交付成果的所有成本要素，并据此判断价格的合理性。相较于找三家供应商提供三份总报价进行比较进而判断价格的合理性，成本解析才是真正能得到更为准确的采购成本的方式。三方比价的合理性受限于多家供应商有可能因为规模不同、知名度不同、运营方式不同、提供的产品或服务的解决方案不同而造成较大的价格差异，因而不具备可比性。

要进行成本解析，首要的是要清楚成本构成。一般来说，全面的成本构成包括三类必不可少的成本要素：人工成本、材料成本和管理费用。

（1）人工成本。它是指用于执行生产工序、制造工序、参与项目管理等的人员费用。人工成本细分为服务或制造等类别，将费率和工时分配给每一类人工。人工成本很容易识别，因此也是降低成本的首要重点。

（2）材料成本。它是指制作某项产品或提供某些服务需要用到的材料的成本，如原材料、零部件、工具等。

（3）管理费用。它被认为是隐性成本，因为它们不直接分配给具体的产品或项目，而是企业持续性的开支。在报价中，管理费用通常为一个固定的费率。某些品类的价格明细表中甚至可以要求供应商列出合理的利润率。

【案例】

　　某日化制品厂在生产制作过程中经常需要采购不锈钢制品，如桶、杯子、定制的置物柜子等。采购部以往的做法是找三家供应商比价。在汇总历年来的采购总额，以及具体产品的价格变化时，采购总监陈品认为有必要进行优选供应商筛选，同时要求供应商必须提供产品的成本明细表。采购人员陈稚在与多家供应商沟通后制定的不锈钢产品报价明细表，见表2-6。

　　成本明细分析方法，涉及以下两个问题：

　　（1）供应商不愿意提供价格明细表怎么办？提供价格明细表能达到什么目的？

　　（2）是否需要供应商提供价格明细表要基于该类产品或服务是否是高频采购，而且年度采购总量是否足够大。有足够的利润供应商才会愿意配合采购方的要求。例如，在这家日化制品厂，所采购的不锈钢桶虽然是生产过程中盛装物料用的辅助用品，但用量大，所以陈稚不仅需要了解成本明细，也需要了解加工工艺，并定期考察供应商的加工现场，检查原材料文件证明等，确保不仅获得最合理的价格，也保证产品质量的稳定，减少供应风险。而如果企业只是一次性地购买一批不锈钢杯子给员工喝水用，若是非经常性的采购，而且采购价值低，就没必要花时间在分析成本明细上。

　　（3）要求供应商提供成本明细表的目的是保证价格透明公正，供应商只赚取合理的利润，而采购方在此基础上提供稳定的订单量，双方保证对方企业的稳定经营。在面临市场变动时，如原材料涨价、运输成本上升，双方可以共同寻找对策，如替换成本更低的原材料，或者共同寻找

表2-6　不锈钢产品成本明细表

产品名称	不锈钢牌号	毛重（kg）	材料费（元）	加工费（人工费）（元）				其他标准件（如有）		模具费（元）	模具均摊（元）	管理费用	单价（元）	数量（件）	总价（元）
				冲压	下料滚圆	焊接	表面处理	其他零件名称	价格（元）						
不锈钢勺子（150 mL）	316	0.56	30	30	30	40	60	—	—	不含	—	—	190	2	380
不锈钢桶（60 L）	316 L	12.43	683.65	150	150	200	200	把手	100	27 000	600	—	2 100	45	94 500
不锈钢杯子（800 mL）	316 L	0.7	38.5	25	25	30	30	把手	20	3 000	75	—	243	10	2 430

更实惠的第三方物流供应商等。总之，分享成本明细是采购方与供应方建立战略合作伙伴关系的一种手段和承诺，采购方不再以压价来榨取供应商的利润，而供应商因为获得了稳定的承诺的订单量而愿意牺牲一部分利润。

（4）采购人员在了解成本构成的基础上，可以进一步挖掘成本动因，也就是引起成本变化的因素。根据对成本动因的持续紧密地跟踪与分析，据此制订成本节省策略，或者在预见无法控制价格上涨的情况下积极寻找替代方案。例如，当采购量大幅度上涨时，产生的规模效应能提高生产厂家的设备利用率，从而提高生产效率，提高仓储占用率、更低廉的运输成本等，采购方据此可要求供应方提供数量折扣。而当由于国际燃油市场价格飞涨、国际运输成本上涨时，采购方如能在动因产生的早期阶段判断趋势，就可以提前准备相应对策，如改为从国内厂家订货，或者在供应商还有存货时加大采购量，准备充分的库存以应对短期内的成本压力。

【案例】

某教育集团常年需要制作大量视频内容，包括宣传片、广告片，视频课程录制与剪辑，二维或三维课件制作，活动视频拍摄等，品类采购经理汤慧对视频制作流程不清楚，因而无法判断价格的合理性，只能通过多方报价来做供应商比较，但知名度高且规模大的视频制作公司相较于规模小的视频制作公司的价格差异太大，很多时候又不具备可比性。

如何了解一部视频成片的制作成本结构呢？一个简单的方法是在看电影、电视剧、动画片时留意看一下片尾的制作人员名单。这份名单通常很长，但大的结构却是相同的，前期创作，中期拍摄，后期剪辑。汤慧与供应商多次沟通后制定的视频制作成本明细表，见表2-7。

表 2-7 视频制作成本明细表

项 目		说 明	规格明细	单位	单价（元）	备注
A. 前期创作	脚本制作	专题片解说词	按影片时长	元/分钟	—	—
		广告片解说词	—	元/条	—	—
		画面文案	按影片时长	元/分钟	—	—
B. 中期拍摄	拍摄设备	摄像机	高清	佳能 5D mark3（含基本镜头）	元/天	—	—
			索尼 Fs_7 4k（含基本镜头）	元/天	—	—
		镜头组	ARRI（爱丽莎）	阿莱或同型号以上及摄影机	元/天	—	—
			标配定焦组（佳能）	16 mm、24 mm、32 mm、50 mm、85 mm	元/5 个	—	—
			标配定焦组（索尼）	16 mm、24 mm、32 mm、50 mm、85 mm	元/5 个	—	—
			ARRI 变焦镜头	45~250 mm	元/个	—	—
		MIC（麦克风）	采访机	—	元/天	—	—
			专业录音	录音设备（背句调音台）	元/天	—	—
		三脚架	标准	摄像机配 1 三脚架	元/天	—	—
		监视器	液晶	无线图传	元/天	—	—
		灯光设备（辅灯）	4 尺 4 排（冷暖）	国产灯	元/组	—	—

续上表

项目		说明	规格明细	单位	单价（元）	备注
B. 中期拍摄	拍摄设备	灯光设备（辅灯）	650 W	ARRI	元/盏	—	—
		1 kW	ARRI	元/盏	—	—
		轨道	重轨	基本组（4直3弯）	元/天	—	—
		panther	轨道车	元/天	—	—
		摇臂（小、大）	小	—	元/天	—	—
		大	—	元/天	—	—
		斯坦尼康		移动拍摄稳定器	元/天	—	—
		航拍器	4轴	含摄像头及操作手册	元/天	—	—
	人员劳务	导演费	前期导演（专业）	可统筹拍摄宣传片或故事片	元/部	—	—
		制作主任	制作主任	编制和执行拍摄制计划，负责把控影片的内容和进程	元/天	—	—
		制片助理	助理	—	元/天	—	—
		导演费	后期导演（剪辑）	剪辑类指导（5分钟以内）	元/部	—	—
		摄影师	后期导演（包装）	包装效果类指导（2分钟以内）	元/部	—	—
			采访摄像	会议，采访	元/天	—	—

续上表

项　目		说　明	规格明细	单位	单价（元）	备注
B. 中期拍摄	人员劳务					
	摄影师	摄影师	专题片、宣传片	元/天	—	—
	摄影师	平面摄影师	活动、会议记录（含照相机）	元/天	—	—
	摄影助理	—	—	元/天	—	—
	灯光师	专业	会议、采访	元/天	—	—
	灯光助理	专题、采访	宣传片、专题片	元/天	—	—
	化妆师	场工	—	元/天	—	—
	场工（场务）		—	元/天	—	—
	演员或模特	主要演员	宣传片、专题片	元/天	—	—
	演员或模特	次要演员	宣传片、专题片	元/天	—	—
C. 后期编辑	剪辑					
	素材整理	粗剪	按客户要求删除或串联视频或加讲话字幕	元/机时	—	—
	视频剪辑	普通	宣传片、花絮、证言	元/机时	—	—
	视频剪辑	高级	广告、微电影、会议包装	元/机时	—	—
	视频调色	简单调色	—	元/机时	—	—
	视频调色	达芬奇（调色软件）	—	元/机时	—	—

续上表

项目		说明	规格明细	单位	单价（元）	备注
C. 后期编辑	动画、特效	FLASH动画	逐帧补间动画	普通动画人物	元/秒	—	—
		视频包装（AE效果表）	标清	—	元/秒	—	—
		视频包装（AE效果表）	高清	1 920 mm × 1 080 mm	元/秒	—	—
		三维动画	模型	视复杂程度	个/元	—	—
		三维动画	角色	视复杂程度	元/秒	—	—
		手绘动画	二维动画	手绘风格人物、场景动画	元/秒	—	—
	音乐、音效	音乐合成	非版权	音乐、音效	元/条	—	—
		音乐合成	音乐混音及合成	版权费另算	元/条	—	—
	配音	专业配音	解说词	—	元/分钟	—	3分钟起
		专业配音	广告	—	元/条	—	—

了解了成本构成，我们再来看一下成本动因都有哪些：摄影器材的租赁价格，最新最高端的型号价格最高；制作人员的费用同样如此，资历越深，经验越丰富，名气越大的价格更高；后期剪辑中运用的技术越高级，价格越高。并不是越高级的就越好，而是适合的才最好。例如，很多企业追求3D制作的炫酷效果，实际上对于普通的企业宣传片、文化宣传片，完全没有必要。

视频制作是创意产业，其制作过程较复杂，有很多的隐性成本，如报价与实际制作人员的资质不匹配，或者虽然制作人员有匹配的资历，却不愿投入足够的时间和精力，造成制作的成片效果差强人意。因此，视频制作的成本明细表主要起到参考作用，仅当采购方拥有强大的采购实力时，才有可能要求制作方严格按照明细表执行。除了制作人员的投入外，确保成片效果的关键在于采购负责人与供应商制作人员之间建立顺畅、及时的沟通及有效的监控。

2. 总拥有成本

总拥有成本是一种管理理念，用于了解与特定供应商合作获取特定商品或服务时，所产生的供应链相关成本。从广义上讲，总拥有成本着眼于全局，涵盖了除价格以外的诸多其他成本。简而言之，价格只是总拥有成本中的一个组成部分，企业要的是总拥有成本最小化。这一理念对采购全流程的识别、数据统计、数据分析等提出了更高的要求。

资产性采购是采用总拥有成本分析法的理想对象。因为采购人员通常更关注相对较大的初始支出，也就是设备采购价格，而容易忽视设备采购之后，在日常年复一年、日复一日的使用中会产生的更大的关联成本，如维修费用、停机产生的生产损失、必要消耗品的成本等。总拥有成本数字化地反映了产品整个生命周期内的所有采购成本。因此，相较于单纯的购买价格而言，它为企业评估一项投资的价值与成本，以及投资回报率提供了更为准确的依据。

总拥有成本的计算是初始购买价格加上整个资产寿命期间的运营成本。

【案例】

某欧洲企业在中国初建工厂时需要采购一批叉车，因为企业非常注重品质，采购总监陈品邀请了几家国际知名的头部供应商参与招投标，其中两家德资供应商，一家美国供应商。在收到标书后确认三家供应商的技术方案都可接受的情况下，如何评判商务标是选择最终中标供应商的关键。

陈品与物流部同事商讨，并咨询财务部等相关部门同事后列出了总拥有成本分析表，见表2-8。

表2-8　总拥有成本分析表

项　目	供应商 A	供应商 B	供应商 C	说　明
设备裸机价格（元）	2 000 000	1 850 000	1 500 000	性能满足要求
交货周期	无法满足	无法满足，但可提供 2 台备用设备	无法满足	要求的交货期非常短
售后服务：备品备件及维修人员	国内有生产厂，常用组件及备品备件由国内生产；国内技术人员提供售后	国内多地有销售中心和售后中心；常用备品备件国内有存货，特殊部件需要从国外采购，周期2-4周；国内技术人员能胜任售后工作	国内仅有销售中心，售后网点较少，备品备件几乎全部从国外进口，售后技术人员也从国外派驻	—

续上表

项　目	供应商 A	供应商 B	供应商 C	说　明
付款周期	50% 预付, 40% 货到付款, 10% 质保金	50% 预付, 40% 货到付款, 10% 质保金	50% 预付, 40% 货到付款, 10% 质保金	
5 年保养方案	含常用零配件更换及人工	含常用零配件更换及人工	含常用零配件更换, 不含人工	提供常用零配件列表
零配件价格	—	—	—	保养方案外的零配件
常用耗材的使用寿命	—	—	—	叉车电池是价值较高的耗材, 其使用寿命和更换频次

> 　　这批设备由于采购周期非常短, 三家供应商都无法满足采购方期望的交货期, 但B供应商能提供两台旧设备供企业临时应急使用。在售后服务方面, A供应商在国内设有生产厂, 因而零配件最为齐全, 技术工人储备也最充分; C供应商售后服务的硬软件都几乎全依赖进口, 不仅维修维护费用更高, 一旦设备故障无法及时维修造成停机给企业带来的损失则更为严重。在比较5年保养方案中, 不仅看常用零配件的价格, 更需要比较覆盖的范围。范围越广说明总体方案越实惠, 停机的风险更低。由于采购总价格越高, 付款周期对企业的现金流会产生影响, 因而付款周期也是考虑因素之一。综上比较, 该企业最终选择B供应商中标。

　　其他经常应用总拥有成本分析法的采购包括购买或租赁公务用车、IT设备或者IT系统等。以IT资产为例, 在其生命周期中涉及的成本包括采购价格、设置和安装、培训、法律和许可费用、托管费、系统支持、硬件和软件维护等。

二、如何与供应商谈判

企业总是希望，在最大限度地提高利润的同时，又能满足客户的需求，因此谈判力是企业管理人员必须掌握的最重要的技能之一。对于大多数企业来说，削减成本、提高收益的初步尝试往往始于与供应商的合同谈判。作为以谈判为生的专业采购人员，即使身经百战，在开始谈判前，仍难免会感到紧张。采购人员只有在与供应商进行交易谈判时遵守一些基本原则，才更有机会确保达成好的交易。

1. 谈判前准备

关于谈价，非专业的人会有一些误解，认为谈判能力强的都是些嘴尖舌利的人，总把谈判想象成唇枪舌剑。因而有的采购新手害怕自己嘴笨对谈判充满畏惧，有的采购人员又自作聪明认为自己很会说话，因而常常带张嘴就上谈判桌。对于谈判而言，如果说有什么诀窍的话，最大的诀窍就是谈判前做足充分的准备。

正所谓"台上三分钟，台下十年功"。口头的谈判只是最后的表现形式，即那"台上三分钟"；而谈判之前的信息收集、长年累月的专业知识积累，以及个人气场的培养与心理素质的锤炼，才是"台下十年功"。

谈判前应该收集哪些信息？首先，需对预采购的产品和服务有足够的了解，如供应商的竞争对方有哪些，市场竞争力有多强。其次，应考虑经济和社会环境对采购的影响，如国际局势、特定原材料价格的波动等因素。同时，还要评估买方的采购力，即企业的采购量大小，以及在供应商眼里客户的重要性。此外，还要考量供应商销售人员资历的深浅，是温和型还是精明型等。收集的信息越全面，心里就越不慌，冷静的心态是制胜的前提。

2. 听和问更重要

即使是多年的老采购，也常需要去购买自己从未接触过的产品或服务，尤其是面对那些复杂的服务项目时，想在短短几天或数周内完全了解透彻，肯定是不可能的。既然了解得不够多，谈判时就不能贸然采取主动攻势。常言道："买的没有卖的精"，无论是采购新手还是老采购，懂得提问并认真听取供应商的回答并从中提取有价值的信息才是谈判高手。

提问本身就是一个积极的信号，说明采购方重视这个项目，也愿意花时间更多地了解供应商，有诚意达成合作，这给供应商传达的是一种激励和信心。如何有效地提问？不要直接问自己不懂的，可以先问一些周边问题。例如，若不懂产品功能，可以先问其验收标准是什么？让供应商讲述几个客户的应用场景，以及使用情况；若不懂技术规范，就先问交货和安装时效；若不懂售后服务和零配件价格，就去问是否有其他增值服务等。问一些通用性的问题往往会关联到所采购物品的特有条件。

若对供应商A提到的某一点存在疑惑，可直接向供应商B询问来获取解答。经过一两轮的谈话，采购人员基本就能对产品和价格趋势有一定的了解了。

这里还有一个技巧就是，先约谈成交可能性低的供应商，在这个过程中，不懂的问题都可以直接问。随后，再和成交概率大的供应商谈判时就有了更多的筹码。

3. 价格与价值

在与供应商谈判时，要时刻记得产品的价格不等同于产品的价值。许多供应商认为低价能吸引更多的客户。在某些情况下，这可能是对的，特别是对于不需要售前和售后支持的产品。但在其他情况下，产品本身的价格实际上只是交易谈判中很小的一部分。

4. 设定成功指标

如果采购人员不知道在谈判结束时希望达到什么目标，就很难进行成功的谈判。采购人员在谈判前一定要列出一份成功指标清单，也就是表明企业获得公平交易和合同应达成的具体数值或条款，包括产品单价、合同交付条款、付款条件等任何内容。

谈判前需要将这些成功指标从最重要的到最不重要进行排序。有的企业或者某些项目更看重价格，而有的企业或项目会对增值服务有较大预期。有了成功指标及排序，采购人员就能为自己设计谈判策略，以及谈判进程的最佳推进方式，哪些该坚持，什么时间该放弃谈判转而寻求与另一家供应商的合作，如何在整体上表现出更大的灵活性等。

5. 互惠式谈判

互惠式谈判也称价值型谈判，最早由美国哈佛大学谈判研究中心提出，故又称哈佛谈判术。在这个理论提出之前，人们将谈判按态度和方法分为硬式谈判和软式谈判。硬式谈判，即立场型谈判，只坚持本方的立场，不兼顾双方的利益。软式谈判，即让步型谈判，只强调双方的关系而忽视己方利益的获取。互惠式谈判把对方看作与自己合作的伙伴，既非朋友更非敌人，在谈判过程竭力寻求双方利益上的共同点，在此基础上设想各种使双方各有所获的方案。

三、谈判的最终目标是解决问题

上述第4条要求采购人员在谈判前列出具体的成功指标，如价格、服务、付款条件等。这些是具象的、表层的谈判目标，而最本质的谈判目标是什么呢？一方面是采购方希望以低廉的价格获得稳定的原材料供应和相应服务；另一方面是供应商希望在获得稳定、优质的客户的同时，获得较高的利润和稳定的现金流。如果双方的诉求长期不对等，采购方长期压榨供应商的合理利润，或者供应商以低劣的产品欺骗采购人员获得非法利润，都将给对方乃至己方带来麻烦和问题。这种非互惠式的谈判方式不是在解决问题，而是在制造问题。

采购人员在任何谈判过程中都要秉持解决问题的思路和态度，并在采购工作中不断提高协调解决问题的能力。

【案例】

T集团公司非常重视差旅服务的采购，成立了专门的差旅管理采购委员会，负责统计全球各分公司的采购量，并签署了全球采购合同要求各分公司统一执行。它是总部一个单独的小部门。这种全球合同自然有其优势，但也有其劣势。优势是合并采购量能获得更优惠的价格，统一服务模式能管制各地差旅者的行为习惯，最终节省差旅费用。劣势是同一家供应商在全球各区域的发展状况是不同的。因为T集团企业总部在欧洲，供应商在欧洲和美国的业务都发展得非常好，但在亚洲区域的办事机构成立较晚，业务的开展很不成熟。

在国内，此时和该供应商合作，就相当于在扶持供应商的业务从零起步，不仅服务人员达不到标准，通过差旅管理公司对员工的差旅行为进行约束更是激起了员工的极大反感。员工是差旅服务的直接使用者，他们的使用体验差，自然天天抱怨，要求更换供应商。而国内的采购人员，除了配合和支持总部的决定，无权更换供应商。各部门的VIP客户，因难以接触到总部团队，就只能天天到采购部投诉。事态最终升级到财务总监邬强拒绝支付供应商款项长达四个月之久，而人事总监也频频向采购总监陈品施压，迫使其更换供应商。

这个项目的复杂性显而易见：高高在上的总部领导，愤怒不已的本土内部用户，以及收不到服务款的供应商。陈品像块夹心饼干，在供应商和内部用户间奔波，问题难解：供应商服务不佳、财务付款拖延。

在反复思考并请教了不少资深采购同行后，陈品决定简化问题，他列出了谈判需要解决的几个关键性问题：

①供应商最迫切需要的是什么？（解决拖欠已久的付款。）

②总部最迫切的需要是什么？（不能更换供应商！）

③内部用户最迫切需要的是什么？（消除他们的怒气！）

注意，这里最迫切需要解决的问题不是更换供应商（都知道换不了），也不是提升供应商服务水平（很清楚一时半会提升不了），而是平息怒火，安抚用户。

在这样的思路下，陈品制订了谈判策略。他先找到内部关键部门的负责人，即财务总监邬强，坦承供应商确实存在服务不到位的问题，但供应商肯定是不能更换的——"你希望怎么处理？"邬强回答说那就不付款。陈品继续问"可不可以让一步？"因为不能更换供应商就意味着不能不付款。让一步的解决方案是扣除一部分供应商应付款，作为惩罚，让他们吸取教训，虽然扣款从合同、法律上来说是不支持的。邬强疑惑地问"供应商会同意吗？"陈品回答"我负责谈判。"邬强同意了这一提议。

陈品又联系了供应商，表达了想帮他们和这家企业继续合作下去，并强调这是总部的期望。但他也明确指出，如果企业内部的不满情绪无法平息且付款问题得不到解决，合作将不得不中止。合同中虽然未明确规定服务指标未达标的具体处罚措施，但陈品提议双方可协商一个合适的比例，既能让供应商接受，也能让财务总监邬强满意。

经过几个回合的谈判后，陈品与供应商负责人就处罚金额，以及后续整改措施达成了一致意见。双方签署补充协议后，这件事就此平息。此后，陈品与供应商定期会面，切实帮助供应商提升服务质量，双方的合作日渐稳定。

思考与练习

（1）试着列出你采购最多的某个品类全部的成本明细表。

（2）你所在企业的采购流程在执行过程中存在哪些容易产生争议的地方？有什么改善方法？

（3）尝试用解决问题的态度和方法就某争议事项提出与供应商谈判的思路。

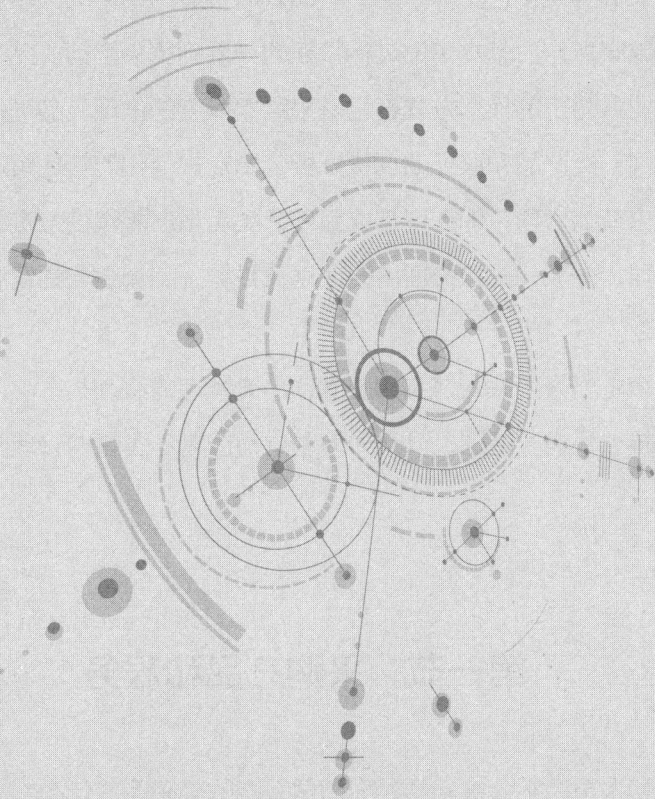

第三章

采购品类管理

品类管理是指把所需采购的产品或服务分为不同的类别，并把每一类产品或服务作为基本单位进行管理的一系列相关活动。品类管理不仅是采购业务分工的根本方式，也是采购专业度的体现。品类的深度管理是基于同一类产品和服务的现状分析，制定规范化的管理策略，其中包含对供应商的管理，即在产品或服务分类后重新规整供方资源，对供方进行清理、分级，并且梳理培养计划及目标，结合企业的发展战略制定品类规划。

本章主要介绍采购产品和服务，品类管理的概念与方法，特定品类管理的特点，需求管理，以及如何制定与应用品类采购管理的基本方法和措施。

第一节　采购产品和服务

采购人员经常会被问到，你们做采购的都采购些什么？我们既可以简单回答：什么都有可能被采购；也可以专业回答：购买企业生产和经营所需要的产品和服务。企业采购通常分为直接采购和间接采购，根据企业的经营业务不同，所涉及的产品和服务种类会有很大的区别。

一、直接采购和间接采购

每一家企业都有主营业务，企业通过出售这些主营的产品和服务获得利润，从而得以生存和发展。与主营产品的生产与制造直接相关的物料的采购被称为直接采购，也被称为生产型采购或库存采购。直接物料的价格需要计入产品成本或生产成本。除此之外，企业生产所需的生产设备、备品、备件，企业日常运营所需要的设施、场地、设备、家具，以及市场促销和专业服务等的采购被称为间接采购，也被称为非生产型采购或非库存采购。

以手机生产为例，手机内部的芯片、元器件、显示屏、产品包装、设计等，这些都是手机制造必不可少的组成产品和服务。负责采购这些产品和服务的采购团队被称为直接采购团队。除此之外，手机生产企业需要厂房、生产设备、设施管理等，手机生产出来后流通到消费者手中需要市场营销、广告设计、物流仓储等服务，企业员工需要餐饮、差旅、工作服等。上述物品与服务同手机的生产制造没有直接关系，且采购价格也不计入生产成本，因而被统称为间接采购。间接采购的范畴非常广，大到厂房、小到卫生纸，而且任何企业都需要这些基础运营所需要的物品与服务。

直接采购与间接采购的区分，重点在于采购的物品与服务是否直接用于销售给用户的产品或服务的生产与制造。同样一件物品，在一家企业可能属于间接采购的范畴，而在另一家企业则可能属于直接采购的范畴。

> **【案例】**
>
> 某环保工程企业，主营业务是为市政府承建水处理工程项目，包含饮用水处理厂、污水处理厂等，客户通常为市政府或县政府下属的相关部门。以BOT[①]项目为例，承建企业提供从水厂的设计、土建、成套水处理设备，到测试运营、培训，直到水厂稳定运营后才移交到市政府相关部门自行管辖。
>
> 虽然承建企业提供的是全包服务，但其核心竞争力在于水处理技术。该企业除核心技术之外的工程服务外包给分包商。也就是说，该企业需要同其他企业签署采购或者合作协议共同为客户提供服务。

---

① BOT：build（建设）、operate（经营）、transfer（转让）的缩写，是一种特殊的项目管理模式和融资方式，广泛应用于基础设施建设和公共服务项目。

上述向外包商或分包商采购的服务，如工程设计、土建工程施工、成套水处理设备等属于该企业的直接采购。

采购员陈稚在这家环保工程企业采购部工作时主要负责行政物流类的间接采购工作，工程设计、土建施工及水处理工艺设备在她看来需要非常高的技术要求，实际上也确实如此。采购工程师普遍要求能看懂图纸，有能力根据图纸核算设备的成本价格，所以她一直没有信心挑战过转岗做直接采购。几年后陈稚换到一家饮料包装企业工作，仍然负责间接采购。该企业的主营业务是制造饮料灌装设备，在生产运营过程中产生的废水需要经过处理达到国家排放标准后才能排放到市政下水系统。这套污水处理系统属于企业的固定资产，是间接采购的范围，陈稚在邀请小型水处理公司对这套污水处理系统的设计与施工项目进行招投标的同时，也需要单独采购水泵、阀门、离心机等水处理设备。

环保工程企业属于直接采购的业务，在这家饮料包装企业则属于间接采购的范畴，所不同的是作为企业固定资产采购的这些设备或工程是一次性采购。陈稚在负责该项目时主要对供应商资质审核、标书商务条件、招投标这些流程负责。她需要与生产部门紧密合作，由生产部门同事负责提出设备的技术规范要求，并负责回答与澄清供应商提出的技术问题，在审核标书过程中，也由生产部门同事评定供应商的技术方案是否符合要求。而在环保工程企业，采购工程师们则需要根据不同客户的要求，为不同项目配套采购客户定制的设备，因而采购人员本身需要非常了解设备特性、工艺与安装等技术知识。

陈稚在环保企业的背景使她对水处理设备有一定的了解，包括产品名称、主要应用场景和特性、市场上的主流供应商等。这些基础知识在她负责整个采购流程的执行中发挥了重要的作用，使她与生产部门同事，和供应商的沟通都更加高效，更容易地获得了各方的信任、尊重和认可。

二、采购产品的品类划分

回到本节最初的问题，采购人员都采购些什么？例如，生产手机的直接采购人员回答：生产手机所需的原材料、辅料、元器件；间接采购的人员回答：企业运营所需要的物品和服务，具体的采购范畴和各家企业的主营业务、生存形态有着紧密关联。

1. 采购业务的归类管理方式

既然一家企业所采购的产品各式各样，不同产品和服务的性质特点、价格体系、市场供应和合同风险也千差万别，采购部门应该如何将种类繁多的产品进行归类，并指派不同的采购人员负责以便更有效地进行采购管理呢？图3-1所示的是常见的采购业务归类管理方式。

① 按产品的使用场所划分
➤ 生产车间
➤ 库房
➤ 办公室

② 按产品属性划分
➤ 实物产品（设备、配件）
➤ 专业服务（创意、物流）

③ 按产品的管理或使用者划分
➤ 行政部
➤ 项目部
➤ 物流部
➤ 生产部

④ 按供应商类型
➤ 整合能力强
➤ 单件产品能力强

⑤ 按金额及重要性划分
➤ 固定资产
➤ 耗材、备品备件

图3-1　采购业务的归类管理方式

上述分类方法便于企业更有效地管理不同产品和服务的采购，根据企业各自的特点，每种分类方法都各有利弊。

【案例】

图3-2是一家制药企业直接物料及间接物料的品类划分。这家制药企业的直接物料采购范围根据重要级别分为五大类：原料（药品生产中使用的关键性物料及产品的组成成分）、辅料（药品生产中除关键成分之外的物质）、耗品耗材（与原、辅料直接接触的备品备件和消耗品）、内包装材料（直接接触产品的包装材料，也称为一级包装）、外包装材料（不直接接触产品的包装材料，也称为二级包装）。直接物料的分类体现了物料对产品质量的影响程度，因而在供应商管理上会制定相对应的严格管理制度，如质量审计的次数、参与审批供应商准入的管理层级等。

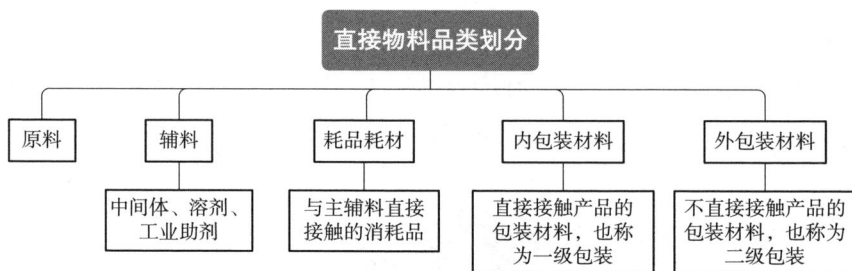

图3-2　制药企业直接采购物料品类划分

考虑到企业的年度开支总额度、采购频次及企业发展的战略重点，将这家制药企业的间接物料采购划分为八个品类：工厂设备与设施、专业服务、活动展览展示、办公用品开支、信息技术、物流仓储与关税、实验室设备与服务、临床设备与服务，如图3-3所示。

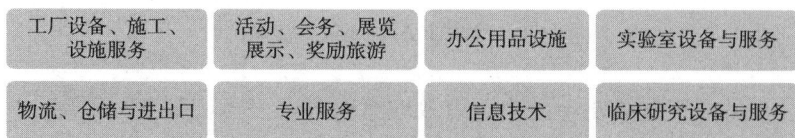

图3-3　制药企业间接采购物料品类划分

生产企业离不开厂房、生产车间，因而工厂设备与设施管理是重要开支品类，这是一级类目，其下的二级类目有：生产设备、EHS①、备品备件耗材、施工与建筑等。产品生产完成后，药品的存储与发运，也就是仓储和物流，是另一个一级品类。

作为创新药生产企业，组织专家会、科室会宣讲药品知识是销售前的一个重要环节，归在会务会展与活动品类下。涉及产品宣讲的稿件制作与翻译等专业服务也是一个重要品类。因为这家企业将销售团队外包给另一家合作企业，故该企业并没有与销售直接相关的费用，如市场营销、促销、广告设计等。

因原创药离不开临床研究，因而临床试验相关的采购划分在临床试验设备与服务类别。实验室设备与服务这一品类又细分为实验室设施和实验室服务两个二级类目。

【案例】

图3-4是一家日化品企业间接采购物料品类划分。这家日化制造企业的间接采购产品品类几乎涵盖了企业运营有可能涉及的全部产品和服务种类，分为八大类：广告与媒体、市场服务、施工生产设备与设施管理、咨询人力资源等专业服务、信息技术产品和服务、差旅会务服务、物流服务、研发物资与服务。

日化企业间接采购所采购的物品和服务主要包括以下内容：

①广告与媒体。它包括广告发布、媒体广告、户外广告牌、车身广告、店招广告、杂志广告等。

②市场服务。它包括品牌战略策划和创意设计，如广告片的拍摄，以及线下促销物料2D和3D的设计、展示道具和橱柜设计、产

---

① EHS: environment（环境）、health（健康）、safety（安全）的缩写，它是一个确保企业的运营活动在保护环境、维护员工健康与保障工作场所安全方面达到标准的综合性管理体系。

品外包装设计等；活动和会展，如各种路演巡展、派样、展会的设计和执行等；印刷品，如单页、册子、目录、促销包装等；促销材料，如产品陈列堆头、背架、托盘、写着喷绘、柜台、录像、灯片、展架、易拉宝和货品展示柜等；促销礼品，如各类礼品、赠品和品牌提示物等；数字市场服务，如网站设计和运行、网上商店、新媒体运营等；公关相关服务，如新产品上市、企业公关活动等；销售服务，如CRM（客户关系管理）、800电话中心、美容顾问（销售代表、促销员）的外派或外包服务等。

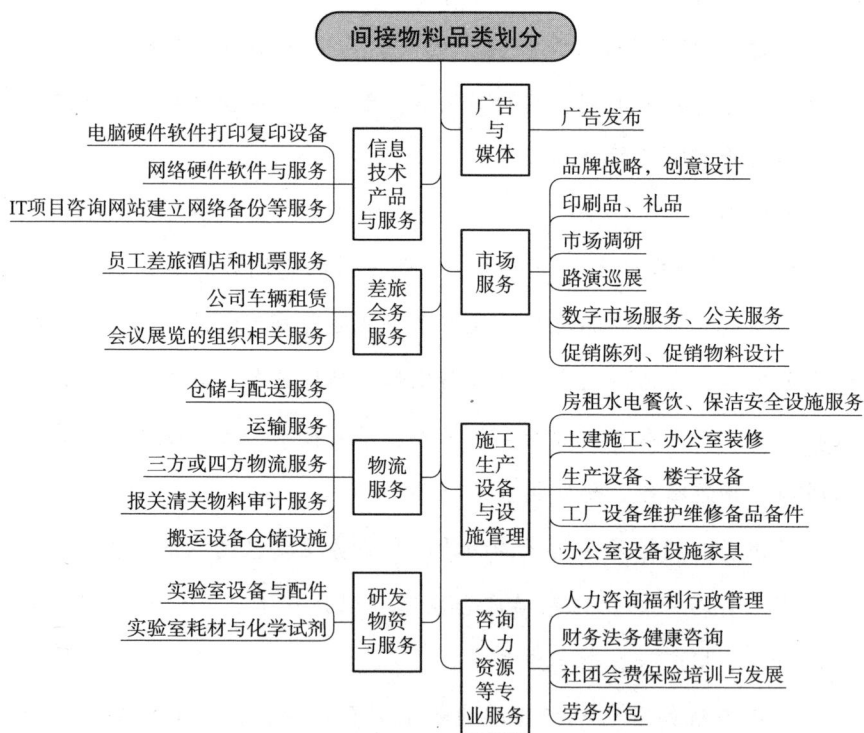

图3-4　日化制造企业间接采购物料品类划分

③施工生产设备与设施管理。它包括房租及相关费用，如房租、物业管理费、杂费等；能源费用，如企业相关的水、电、煤气费

等；员工餐饮费用，如餐厅费、饮用水费等；环境保护费用，如垃圾回处理收、办公室环境检测、劳防用品、消防年检及日常维护费等；设备、工程和改造，如办公室装修或改造、搬迁新购置家具或设备、办公室搬迁运输服务等；办公室装修，如办公室装修、地毯、办公家具、办公室搬迁等；施工工程，如厂房设计、项目管理、打桩、土建、钢结构、电梯、机电、工厂道路改建及维护、工厂相关的改建项目、楼宇自动化等；楼宇设备，如空调、冷却塔、空压机、锅炉、热交换机组、CPU（中央处理器）、HVAC（供热通风与空气调节）等；生产设备或工艺设备，如包装机、灌装机、污水处理、纯水处理、灭菌设备等；室外绿化服务，如保洁服务、清理维护、绿植维护、保安服务等；MRO，如设备的运营、维护和维修所用的配件和耗材等。办公用品，如办公耗材、办公纸张、名片、信封信纸等；快递服务，如EMS（邮政特快专递服务）、市内快递、DHL（国际包裹、快递、空运及海运、公路和铁路运输）等，收发室服务；安全服务，如门禁系统及维护等。

④咨询人力资源等专业服务。它包括行政服务及人力资源咨询服务，如管理咨询、招聘、员工管理、应聘人背景调查、员工定位咨询（管理）、员工信息的文档管理等；第三方提供的人事服务，如绩效管理、员工赔偿、异地调动、全球异地调动、被解雇后的新职介绍等；福利，如退休、残疾保障、体检、医疗保险等；企业行政管理相关咨询服务，如企业形象宣传服务及制作、员工沟通相关服务、翻译、员工调研等；其他咨询，如账目审计、税务、资产、基建、培训、战略、计划、人才规划活动等；健康咨询服务，如医务室、医学顾问，以及和健康（安全）相关的服务和设备、体检、第三方健身服务、心理咨询服务等；人员保险，如人身意外险、各种保险及赔偿服

务、财产保险等；法律相关服务，如专利费、破产和清算的法律服务等；会费，如各类专业社团、协会、俱乐部、会员相关刊物（印刷和电子）等；临时工及劳务，如所有临时工、临时劳务、外包长期劳务等；培训和发展，如各种培训、培训材料、司机培训、网上培训等。

⑤信息技术产品和服务。它包括电子产品，如台式计算机、笔记本电脑及相关配件、摄像机、照相机及其视频设备等；计算机软件；文件管理设备，如复印机、传真机和打印机、多功能打印机、桌面打印机等；信息技术服务，如软硬件的服务和支持、安装服务、系统备份、灾难备份、IT（互联网技术）项目的咨询服务、网络视频会议、网站建设等；计算机及网络设备与服务，如网络硬件及配件、网络服务、移动和固定电话机、相关设备维护、电话会议、视频和电话会议设备、市内、国内及国际电话、无线网卡、电话机；IT临时劳务及审计等相关服务等。

⑥差旅会务服务。它包括会议和展览会，以及各项会议相关酒店、机票、车费、会议场地和设备、会议物料及餐饮信息技术产品和服务等；员工差旅相关服务，如协助或提供差旅管理、旅行服务、交通、酒店、餐饮服务等；车辆，如燃油、维护和维修（包括企业自有和租赁、酒店和机票的直接签约）、车辆服务含燃油、维护和维修（包括公司自有和租赁）等。

⑦物流服务。它包括仓储与配送，库房后勤管理服务、仓库租赁等；运输，如航空、海运、铁路、联合运输、第三方、第四方后勤服务等；物流设施，如货架、叉车等；海关清关，如清关服务、货物代理、关税等；其他服务，如库房和运输审计费、市场及销售广告促销品运输和储存等。

⑧研发物资与服务。它包括药品控制和研究，如检验、数据管理、患者招募，CMO①服务，CRO②服务等；实验室设备（非消耗类物品）和配件，如实验家具、实验室耗材及化学试剂、动物试验等。

2. 品类划分的注意事项

（1）直接采购的品类划分。质量部或者生产部通常从产品的质量控制严格度、产品制造工艺和产品应用功能结构等技术角度划分。采购部在任务分配时，通常根据采购量大小，以及物料的重要程度来划分。例如，由总部采购团队直接管理关键性原料，地方采购团队指定专人负责辅料和包材。采购人员需要与质量部、生产部及供应商的日常接触中不断学习和加深技术理解能力及相应的供应市场特点，以便更深入了解各品类的采购管理策略。

（2）间接采购的品类划分。在进行采购品类划分时应优先考虑每个细分类目的年度支出总额度。通过比较图3-3和图3-4中两家不同企业的间接采购品类划分可以发现，图3-3中的制药企业没有市场服务这一品类，因为该企业与另一家合作伙伴成立了销售公司，由销售公司独立处理所有市场宣传推广、销售类服务的采购，因而该企业的采购大品类中没有将市场服务单列一项，而是作为子品类归属于会务会展活动品类之下。只有金额占比足够大的产品才需要列为大的一级类目。对于企业巨头，如美国强生公司研发中心成立了专门的采购部，将临床研究相关的服务采购权收回，归于研发中心的采购部。

（3）根据企业成长阶段划分品类。品类划分不是一成不变的。企业

---

① CMO: contract manufacture organization的缩写，即委托生产机构。
② CRO: contract research organization的缩写，即委托研究机构。

成长阶段不同，采购的重点产品不同，要达到的目标也不同。例如，企业投资建厂期间的采购品类划分，与企业稳定运营之后的品类划分会有较大差别。

【案例】

　　某集团公司原本在中国只有产品售后中心，董事会决议在中国投资建厂后，采购总监陈品在成立间接采购团队时，成员的工作分工按固定资产及费用划分。因为新建厂，需要采购大量工厂设备、办公设备等固定资产，而建设期间日常运营所需采购的产品和服务虽然零零碎碎不成规模，却仍在正常发生。陈品任命一名采购经理负责固定资产的采购，而另一名采购主管则负责费用类采购。

　　一年后新工厂建设完毕，生产制造、产品销售逐步走上正轨，采购团队也从原来的两三人扩大到十多人。陈品改变策略，根据企业生产运营情况，将直接采购产品划分为机械件、商用件和第三方设备；将间接采购产品分为与工厂生产相关、与行政人事IT市场等支持部门相关。直接采购范畴中每一个产品品类由两到三名采购员负责；而间接采购业务每一品类业务量较小，一名采购员会负责一到两个品类。

第二节　品类管理的概念与方法

　　企业将不同品类的采购任务指派给特定的采购人员，不等于企业就在实施品类管理。采购人员按产品特点负责一两个特定品类，有助于采购人员掌握更精深的产品知识。品类管理虽然以品类划分为基础，却是一种具有战略意义的采购管理方式，是采购人员在产品知识之上应该加强的专业技能。

采购工作中的品类管理是一个细致、复杂但能为企业带来高绩效的战略性工作，真正具备战略性品类管理能力的采购人员通常是经验丰富、有较强数据分析能力、擅长计划、能决策的资深采购经理。如何深化品类管理概念，提升专业度，是采购管理者需要越来越关注的专业技能。

一、品类管理的重要性和价值

品类管理是指采购人员将相似或相关的产品和服务进行归类，基于汇总的采购数据，制定具有前瞻性的采购战略，通过跨部门、跨地域、跨分支机构的协同，集中同品类的采购量，以获得更高的采购效率和更低的采购成本。在此模式下，采购人员则专注于某一个或几个产品、服务品类，不断积累更多的专业知识，与供应商建立更稳定、更深入的合作关系。

而没有实施品类管理的采购部门，则是基于单个采购的申请来展开寻源、谈判及签署采购协议等工作。例如，某企业一名采购员负责行政部和IT部门的采购需求，而另一名采购员负责对接市场部和销售部的采购需求。采购员各自为政，各找各的供应商，各签各的合同，互相之间没有协作和互通。

没有实施采购集中化的企业，采购部门想要逐步收回采购权会遇到非常大的阻力。企业通常会将常规的、成熟的产品交给采购部门集中管理，如行政部的文具和办公家具、IT部的计算机及网络设备，将一些复杂的采购需求仍由原部门负责，如宣传推广、公关创意等。

实施品类采购管理的优点如下：

（1）为企业获取更大的利益。在以单个项目为基础的传统采购工作中，不同的采购人员都有可能和同一个供应商打交道，而在品类管理中，由品类采购经理负责管理该品类的供应商寻源、谈判与签约。他的职责是统计采购数据、供应商寻源，以及同供应商就采购条件进行谈判并签署年度采购价格。这些价格和采购条件对企业中的任何部门、任何项目都适用，负责特定项目的采购员只需根据采购需求下达订单，无须重复寻源和谈判的过程。品类管理政策有利于与供应商建立更良好的关系，为企业获取更大的经济效益。

（2）能获得更低的价格。传统注重于处理单个采购申请的采购方式更注重短期和单个订单的成本，而品类管理则让企业能集中了解某个特定产品的成本。品类采购经理将各部门一年内，在特定产品上采购的开支汇总起来，结合次年的采购量预测与供应商洽谈固定价格并签署年度协议，既能获得更低的采购价格，也能省掉重复性询价比价的流程而大幅度提高采购效率。为获得更大利润，企业可以有选择性地采购利润更大的产品，或者在关键产品上花更多精力，如通过技术革新、原材料革新等手段以降低总体的采购成本。

（3）用户满意度更高。品类采购经理可以只专注于一两个品类，这样会对所专注的产品了解更深，专业度更高。有了这一优势，业务部门同事在传达采购需求以及与供应商进行技术沟通时更为轻松，能节省他们更多的时间用于业务工作。

（4）采购周期更短。品类采购在同类产品范围内推行标准化，包括产品规格标准化、供应商集中化、采购流程标准化等，因而采购效率更高、采购周期更短。

（5）有利于采购人员的职业发展。相较于传统基于单个项目的采购，采购人员没有时间和精力对所有产品都有很深的了解，同时需要与不同的业务部门、大量的供应商打交道，在传达与理解需求，单个项目的询价比价等常规性事务中消耗了大量时间，从而职业成长缓慢。

二、品类管理策略的基本步骤

采购管理者在确定企业采购品类后，需要指派合适的采购经理管理具体品类。选择有同行业和相关领域管理经验的采购经理或资深采购专业人才，能更快达成品类管理的目标，因为他们掌握了特定领域的业务，积累了一定的优质供应商资源，对品类的成本构成与供应商的实力有深厚的了解，能在谈判和合作中发挥更大优势。

品类采购管理有几个关键字：品类定义、支出数据分析、组建跨部门的决策团队、采购方式。制订品类管理策略通常可以按如下几个步骤进行：

第一步，品类定义与数据分析。

明确品类信息（产品构成、功能应用、涉及用户部门等），必要时细化子品类。品类采购经理在接手这一品类的管理任务后，需要进行用户需求分析、历史采购数据分析、供应市场分析、该品类在企业中的战略定位分析等。

【案例】

某日化企业采购品类中关于资产设备和备品、备件的定义为，企业用于现代化生产、提高生产效率而采购的设备，具体包含生产线设备、工艺设备、建筑楼宇设备等，以及这些设备运行、维护维修及保养所需的备品、备件和消耗品耗材等。

品类采购经理汤慧收集到四家分公司采购负责人提交的过往采购订单数据进行分析，并共同与生产部、工程部同事召开研讨会后，确定了品类定义，并制作出了产品分类树状图，如图3-5所示。

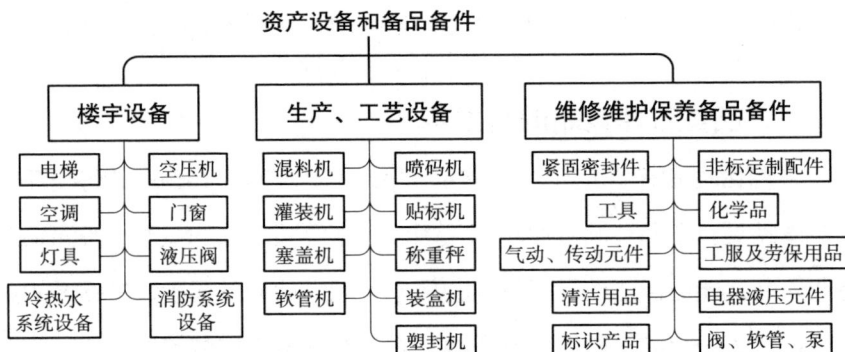

图3-5　某日化企业资产设备及备品备件分类树状图

　　根据分类树状图，汤慧将三个子品类的过往年度采购额、合作供应商进一步按细分品类做了汇总，绘制了产品、采购额与主要供应商的分析表，见表3-1。该企业与生产设备和楼宇设备相关的备品、备件及工业消耗品的费用组成及特点是总采购额大、采购品种多、合作的供应商多、小额订单多、涉及使用部门的用户多。

　　在表3-1中，品类细分为三个子品类：楼宇设备、备品备件及工业消耗品、生产及工艺设备，年度采购金额总计为22 790 811.82元。目前合作的供应商为201个；所涉及的合作部门有工程部、生产部、EHS部、物流部。

表3-1　某日化企业资产设备及备品备件品类主要供应商及采购额分析表

产品类别	年度开支（元）	占比	供应商
楼宇设备			
电　梯	1 015 956.75	46.52%	2
空　调	560 244.24	25.65%	1
冷热水系统设备	265 750.00	12.17%	1
除尘设备	135 000.00	6.18%	1
空压机	112 000.00	5.13%	1
总　计	2 183 934.09	—	11

续上表

产品类别	年度开支（元）	占比	供应商
备品备件及工业消耗品			
生产消耗品	4 857 221.26	26.28%	15
设备维修改造	3 737 965.88	20.22%	23
流体元件（气体、液体、密封）	3 365 608.14	18.21%	9
非标配件	3 149 479.92	17.04%	19
电器元件（控制器、电缆线、PLC）	2 264 582.01	12.25%	5
传动件（电机／皮带／具／轴承）	1 110 605.87	6.01%	11
总　　计	18 485 463.08	—	82
生产及工艺设备			
装盒机	1 207 412.87	64.12%	3
贴标机	914 001.78	35.88%	5
总　　计	2 121 414.65	—	8

在这三个子品类中，备品备件及工业消耗品采购是管理难度最大且最有特点的子品类，管理上的痛点在于：产品种类繁多、规格不统一、进货渠道不规范；单件产品价格低而缺乏规范的比价流程、交易过程不透明、产品价格不透明；采购频次高、交期要求短、随需随买缺乏采购计划；采购流程长、物资存放管理琐碎存在合规风险等。从表3-1中可以看出，该企业已进入稳定运行阶段，各类资产设备早已在前几年采购到位，因而备品备件及工业消耗品的年度采购额远远大于其他资产设备的采购额，所以被列为本年和未来数年内需要重点管理的子品类。

第二步，制定品类战略。

汤慧通过数据分析确定本年度采购优化的重点（备品备件及工业消耗品），并针对企业痛点制订了品类管理战略如下：

（1）由于电子采购方式已逐步成熟，市面上为用户提供一站式工业备品备件采购与管理服务的供应商已有数家，采购部决定将备品备件及工业消耗品通过在线平台进行采购，目的是提高采购效率、保证及时交货、提高采购花销的透明度从而减少合规风险。

（2）在一站式平台上的海量商品中筛选优质商品，统一产品规格，减少产品种类，并签署固定的年度价格，目标是实现20%的成本节省及降低采购管理成本。利用平台的智能数据管理功能，定期梳理产品清单，寻找最优产品型号与价格配比。

（3）减少供应商数目，目标是减少40%的此类供应商，降低供应商管理成本。由于备品备件及工业消耗品的复杂性，除能提供在线采购的供应商外，仍会保留原有线下供应商，特别是特有品牌备品备件代理商。供应商的整合能保障产品质量并保证产品通过正规渠道采购。

第三步，组建跨部门项目团队，制订项目日程及沟通计划，见表3-2。

表3-2   项目日程及沟通计划表

内　容	开始日期	结束日期	任务描述	负责人
启动会议			与用户部门沟通项目目标与计划、供应商基本要求	汤慧
潜在供应商信息收集			平台型备品备件及工业消耗品供应商	项目团队
供应商筛选及邀请洽谈			梳理常规产品采购清单，要求供应商初始报价；了解供应商电子采购平台流程是否满足要求	项目团队
供应商比较			价格对比、电子采购平台流程、服务等要求评定	项目团队
内部沟通			与财务部、合规部沟通电子采购平台与公司政策与流程是否冲突，预算及付款审批的流程是否能支持	汤慧

续上表

内　　容	开始日期	结束日期	任务描述	负责人
内部沟通			与公司管理层沟通项目进展及供应商选择	汤慧
授标与合同谈判			发出供应商中标函，平台采购流程澄清，项目实施计划	汤慧
产品规格与价格确认			产品清单整理，确认规格及价格	项目团队
合同签署			法务部审核合同文本	汤慧
项目实施			账号申请，审批流设置，协议产品专区设置；平台采购流程与企业内部订单审批流程、付款流程对接	供应商
测试运行及用户培训			用户培训	供应商
正式上线				

第四步，制定采购流程。

鉴于国内较知名的平台型备品备件及工业消耗品供应商数量有限，且产品条目复杂，汤慧决定不采用常规的招投标模式，转而采用邀请洽谈的方式，以评估供应商的整体服务解决方案及合作潜力。

第五步，洽谈及选择供应商。

汤慧带领项目团队共邀请四家主流平台型供应商参与洽谈，经过比较平台订购及审批流程、售后服务、数据报告、价格、寻源能力后，决定最终签两家供应商作为该企业中国区的备品备件及工业消耗品电子采购平台。项目团队参与了筛选流程，各部门负责人在项目报告上签字确认供应商的选择结果及新型采购方式。

采购部在签约前梳理常用产品清单及报价，并签入合约中作为合同附件。表3-3是对应邀约供应商的基本资质要求。

表 3-3　供应商选择基准条件

序　号	描　　述
1	提供在线订购平台
2	满足品类范围要求，如备品备件及工业消耗品
3	支持审批流，根据企业的审批权限要求发送邮件审批
4	能根据产品需求提供协议专区，为指定产品提供特殊折扣及价格
5	价格有固定折扣率，付款方式为月结
6	在企业办公点附近有仓库
7	能提供常见备件的自动售卖机
8	提供专人服务团队
9	订购平台能与企业 ERP 系统对接，支持数据传送
10	提供智能数据报告，为企业节省成本提供数据支持

第六步，实施与执行。

在平台上线及实施过程中需要重点关注以下方面：

（1）请购流程设计。大部分企业都有自己的ERP系统，或者采购预算审批流程。通过在线采购平台订购备品备件及工业消耗品可以实现将企业内部的请购审批流程搬到在线采购平台上。如何设计在线采购平台的采购流程，保证新流程与原有企业的审批流程相匹配，没有审计风险和信息泄露风险是财务部和内控部门最为关心的。项目团队需要多次与财务部及合规部沟通有可能存在的风险才能最终确认请购及审批流程。

（2）采购方订购账号、收货地址、发票信息、协议产品专区、结算账期设置。

（3）采购部在供应商的系统初步布置完成后进行测试，系统测试无误后由采购部联合供应商对企业内部请购人、审批人进行培训。

（4）设置一个项目试运行期，在此期间收集问题、不断改善。

第七步，评估效果、优化流程及供应商关系发展。

　　在项目试运行期结束后，以及半年或者一年后全面回顾项目运转情况、评估目标达成情况，包括线上采购额度是否达成目标、价格的优惠力度、采购效率、产品规格的标准化。考察的重点是评估供应商的服务能力，特别是寻源能力、交期管理、售后服务能力、对账及时性等。

　　在评估及对比两家合作供应商的综合能力后，考虑重新调整采购量的配比。

第三节　特定品类采购管理的特点

　　由于直接采购管理更为严谨和规范，且与企业所处的行业密切相关。例如，汽车行业的直接物料是汽车主机、组件及零配件；制药行业的直接物料是药品生产所需的主料、辅料和包材；机械加工企业的直接物料是机加工件、商用件等。而间接采购的品类，如行政办公、IT技术、市场服务、专业服务等对行业的限制较小，有一定通用性。因为篇幅限制，下面只介绍几种较为复杂的间接采购的特定品类管理方法。

一、创意及市场服务采购

　　创意及市场服务，如视觉设计、活动策划、平面或视频广告等的采购是一个很难界定质量标准的采购品类。什么叫有创意？又使用部门希望达到的效果是什么？如何判断价格的合理性？从企业经济效益的角度评判，在购买创意服务后企业希望得到的经济回报是什么？如何衡量？

　　创意及市场服务的采购仍然需要遵循通行的供应商筛选原则，即对新供应商进行资质筛选后通过比稿选拔优胜的供应商。大中型企业更倾向选择知名的国际或国内服务提供商。名气是一种保障，用户的心理在任何领域都空前一致，花大价钱更能买到好东西。采购部通常邀请三四家供应商比稿，最后由不同部门组成的评标委员会进行综合评分后选出最终中标供应商。

对创意方案的评判通常主观性较强，因而使用部门的利益关系人更有话语权。采购人员能在如下几点上贡献价值：

（1）所有成本要素尽量数字化。大部分采购人员知道实物产品的成本可以细化与约定标准价格，其实创意的成本要素也能数字化，因为创意也是由人来完成的。确定服务人员级别与对应人工日收费标准，以及一份设计工作需要的工时数是将创意成本数字化的一种方法。以一份徽标设计为例，采购人员可以要求供应商将设计人员分为低中高级级别，提供每种级别设计人员的人工日收费标准，以及设计徽标所需的人工日。采购人员在查看每家供应商提供的设计人员资历、过往作品和呈现效果时能判断价格的合理性。当然成本的数字化只是相对的，在行业内名气较大的头牌供应商，一般是不提供成本明细的。企业无论出于何种原因选择名气大的服务商，就需要心甘情愿地承担品牌溢价。

（2）创意服务领域将成本要素数字化需要考虑到供应商的投入成本以及传播效果，以鼓励供应商的积极性和热情，如设置效果奖惩措施。在签订合同时设定一些具体的宣传效果指标作为奖惩，如宣传片的点击率评论数、营销方案执行后的搜索率、销售转化率等。谈判效果奖惩方案在实施中较为困难，因为传播的效果受到的干扰因素太多，采购部和使用部门在与供应商谈判的过程中，需找到最佳的综合方案。

【案例】

某教育集团常年需要制作大量视频内容，包括宣传片、广告片、视频课程录制与剪辑、二维三维课件制作、活动视频拍摄等。市场部不希望找综合性的制片公司，要求采购部提供功能单一的供应商，也就是找单一拍摄或者单一剪辑的供应商合作。采购员陈稚对视频制作流程并不清楚，因而对如何创建和管理视频制作供应商库感到很困惑。

首先是价格，视频制作报价可谓千差万别，如何判断报价是否合理？

陈稚在多年前初次接触到视频制作供应商时，好奇地问，"做一个片子多少钱？"

"多少钱都有，看你的预算是多少？"这是当时供应商给陈稚的回复。

当时陈稚的第一反应是，做乙方你还这么高傲？你就不能老老实实报个价格，或者哪怕是报个价格范围也可以呀。然而，在她后来参与了大量视频制作服务采购后，才知道这句话的用意，不同企业对视频制作的需求能差出十万八千里来。就比如大制作的电影动辄上亿元，而一部小制作的电影可能才数百万人民币，有些文艺片的导演甚至还有低至几十万的小制作电影。

对于企业商用的视频制作，供应商需要了解企业用户的确切需求，以及预算范围来为他们提供制作方案和制定报价。如果用户并不是经常采购视频服务，对预算没有概念，那么供应商需要根据企业规模和市场上的影响力，以及投放期望、预期收效等提供合理的报价。

采购部作为与供应商对接的桥梁，需要洞悉企业的品牌战略定位，挖掘内部用户及市场部同事的真实想法，也需要对视频制作有一定了解，才能做好寻源与价格谈判的工作。

视频制作的定价一部分是基于成本，一部分是基于成效，而后者，和视频制作完成之后的使用场景和投放场景，以及期望收效密切相关。

我们先来看看不同视频制作项目的全流程。

1. 宣传片、广告片、微电影等

通过讲述人物故事、企业故事和情感故事来达到宣传扩大企业名声为目的的视频，其制作流程包括前期策划、中期拍摄以及后期制作。这类视频因为需要通过故事性、创意或者创新性、独特情感等来吸引受众，因而需要供应商有出色的创意策划能力。前期的创意是否能在拍摄过程中，以及后期制作中完全展现，就需要在创意阶段就能基本上确定合作的拍摄导演和后期导演，以确保提供的创意方案是可落地的。

上述项目是综合性最强，涉及多种技术力量的高效融合，因而对供应商的项目管理或制片管理能力要求很高。采购人员和项目小组在确定项目合作方时，不能只看供应商提供的创意方案，更重要的是考察他们的资源有效性。例如，提案时，供应商是否能邀请到导演来参与提案，导演是否对创意方案有自己的见解，以及对拍摄过程中如何能使创意落地有自己的阐述，这些都是保证视频项目最终顺利完成的关键。一些规模小的传媒公司往往只有创意团队，所有中期拍摄和后期剪辑都是外包团队，而这些小传媒公司与导演、后期等技术力量的资源捆绑并不紧密，这就造成一旦用户预算不足，供应商为了利润不得不在拍摄中更换导演等核心力量的情况出现。

2. 二维三维动画课件、活动视频、视频课程制作等

对前期策划、中期拍摄要求不高，主要是考察后期制作能力。这种情况下采购人员寻找有核心制作力量的后期工作室更合适。一般的工作室不会有太多固定员工，因为这样运营成本太高。在接到大的制作项目时，工作室需要有稳定的合作力量，能应付额外的工作负荷。对于单纯的后期制作公司，需要留意的是供应商的沟通能力，以及有强大调度能力的后期导演。纯后期剪辑和制作的项目，因为故事性不强，采购方不

太好判断视频的制作水平高低和视觉效果。对于外行的采购方来说，能耐心和高效沟通的供应商非常宝贵。至少他们的解释应该能让采购员和市场部同事听懂，而不是故弄玄虚。

说了这么多，究竟如何判断供应商的报价是否合理？采购方该如何制作合理的预算？如果企业是大的集团公司，要面子、要排场那种，就好比员工出差一定要求住五星级酒店一样，这样的企业拍视频的预算不能太少。小有名气的导演、帅哥美女出镜、更高级的摄影器材、后期炫酷的特效都影响着视频的制作效果和播出后的形象投射。一个宣传片20万~30万元不算少、50万~60万元也不算多，主要看企业是否愿意投足够的钱，是否足够重视这个项目。而供应商报出某一价格，既需要反映其聘请足够优秀技术团队的成本，同时也需体现其在每个制作环节投入的精力与用心程度，以及细节的把控和打磨程度。

对于创意性服务，时间是最大的成本。供应商之所以愿意一遍遍与甲方沟通创意方案、拍摄方案、打磨后期效果，都是在足够的资金保证下才能完成的。如果预算少，供应商往往只能提供符合市场一般标准的作品。只要双方确定了制作方案、供应商的制作过程足够有诚意，最终效果也是在可接受的范围内，那么采购人员的这项任务执行结果就是可以接受的。

3. 综合实力强的传媒公司和后期技术力量强的工作室

究竟应该配备几家供应商？如何有效管理以降本和提升效率？

对于综合实力强的制片管理类供应商，按照企业规模大小，一般规模的保留三四家。如果是互联网企业，需要根据不同业务板块的历史采购量和未来一两年的预算来选择供应商，并不是多多益善，而是保持足够的灵活度，保证无论项目大小，都有足够的、相匹配的供应商来参与竞标。对于技术制作能力强的传媒公司，选择的原则同上，但还需重点考察其过往案例和技术强项。不同规模、不同技术优势，如包装、二维三维技术等，各种都保留一两家。重点保留具备难度高的技术力量的供应商，如三维技术只有少数企业才能具备这个实力，而剪辑类工作室则遍地都是。而只保留技术能力强的工作室而不选用综合制作能力强的传媒公司是下下策。项目管理或制片人制度是影视业先进的模式，企业采购人员很难搞懂各技术力量之间的配合，协调起来非常累。分开选择创意公司和制作公司看似省钱，实则达不到效果，而制片管理型供应商则能为企业解决协调的难题。

二、差旅会议活动采购

在讲述与差旅相关的采购管理前需要先了解两个名词定义，即员工个人差旅采购管理与企业会务活动采购管理。前者是指企业员工在因公务出差时需要预订机票酒店等的个人差旅服务商的管理；后者既包括企业内部会务活动，如员工大会、年会，也包括外部会务活动，如邀请经销商参与的经销商大会、邀请医生专家参与的关于某种疾病或药物的研讨会、学术大会等。

员工个人差旅采购管理和企业会务活动采购管理有重叠的部分，如都需要预订机票和酒店，但更多的是差异性。前者的特点是使用频率高，但单次使用量小，而后者是单次的采购额度高，但频次相对较低。

按照品类管理的基本原则，品类负责人在制定品类管理策略前，仍然是需要先做数据分析。下面以某快消品企业的差旅采购管理为例展开说明。该企业在中国有四家分公司，以下数据包括这四家分公司的汇总数据。

第一步，品类定义与数据分析。

差旅与会务活动品类通常会细分为几个子品类：个人差旅机票、个人差旅酒店、租车、会务与活动差旅安排、年会联欢会等员工娱乐活动。会务与活动组织的创意策划部分属于创意类服务采购，一般不在差旅采购管理品类中。表3-4为该企业中国区这四家分公司的数据汇总。

表 3-4　差旅会务采购数据汇总表

子品类名称	定义与举例	供应商	年度采购额（元）
娱乐	非商业娱乐：联欢会	7	252 000
车辆租赁	车辆：燃油、维护和维修，包括公司自有和租赁	8	5 769 000
个人差旅机票	机票预约服务	4	87 446 000
个人差旅酒店	员工差旅相关服务：包括协助和／或提供差旅管理，旅行服务、交通费、酒店、餐费	4	57 810 000
会议、活动与展览	会议相关服务：包括会议、展览会及各项会议相关的酒店、机票、车费、会议场地和设备，以及会议物料和餐饮	10	40 837 000
总　　计			192 114 000

从表3-4中数据可以看出，员工个人差旅机票开支最高，其次是员工个人差旅酒店开支，再次是会议、活动和展览相关服务；前两个子品类的供应商共有八家。根据这一数据汇总，品类采购经理汤慧将个人差旅酒店和机票预约服务的供应商整合作为本年度的工作重点。

第二步，制定品类管理策略。

品类采购经理汤慧根据表3-4中的数据分析制定相应管理策略如下：

（1）整合机票与酒店预订服务商，服务商需要具备线上预订功能且有自己开发的预订网站或手机app（智能手机的第三方应用程序），能通过线上平台实现出差审批流程。

（2）在过往酒店间夜量较大的城市，筛选出符合企业出差标准的酒店，特别是连锁酒店，并与酒店直接签署年度协议，将协议价格授权给预订服务商。员工通过线上平台预订可享受协议价。

（3）在过往出差频繁的城市航线中，与航空公司直接签署年度协议，特别是国际航线。

这些管理策略在旅游旺季时，机票和酒店的协议价格能为企业节省一大笔开支，也能保证员工能顺利预订到期望的航班或者酒店。

第三步，制定采购流程。

对于机票和酒店预订服务提供商，汤慧决定采用招投标的方式选择最终的中标者。而航空公司及单个酒店的协议价格，则采用邀请洽谈的方式进行。整个项目流程如图3-6所示。

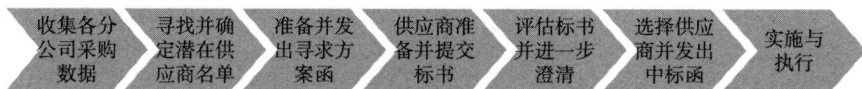

收集各分公司采购数据　→　寻找并确定潜在供应商名单　→　准备并发出寻求方案函　→　供应商准备并提交标书　→　评估标书并进一步澄清　→　选择供应商并发出中标函　→　实施与执行

图3-6　差旅服务商招标流程

根据采购策略，汤慧需要整理的数据包括：主要差旅城市及间夜量数据、员工偏好的酒店品牌；出差城市的航线配对。图3-7所示为出差城市酒店间夜量排名。

第四步，选择及确定供应商。

选择及确定供应商项目流程如下：

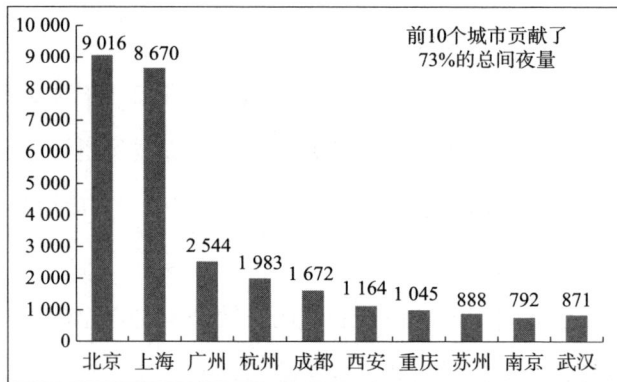

前10个城市贡献了73%的总间夜量

北京 9 016
上海 8 670
广州 2 544
杭州 1 983
成都 1 672
西安 1 164
重庆 1 045
苏州 888
南京 792
武汉 871

图3-7　出差城市酒店间夜量排名

（1）推荐国际及国内业内知名的差旅管理公司，列出员工偏好的单店酒店及符合差旅标准的连锁酒店，列出国内及国际主流航空公司。

（2）生成RFP[①]文件。RFP通常包含两个阶段：一是信息收集阶段，主要是通知和邀请潜在供应商参与到项目中，并阐明企业的业务需求。（企业通过RFI[②]可以了解到供应商的资质、服务能力及参与意愿）；二是商务与技术方案，供应商根据要求提交服务方案与报价，企业通过综合评定资质和能力、服务方案和报价后做出评判与选择。在RFP中通常也会附上企业的一般性合同条款、服务标准协议、合同标准文本等，以便供应商能全面了解企业对入围供应商的要求。信息邀请函示例，见表3-5。

表 3-5　信息邀请函

感谢您参加我公司差旅管理供应商的招标！我们希望通过此次招标选择在该行业中最专业、服务最好、价格最合理的供应商。您提供的信息将对于贵公司是否最终入选非常重要。在此，请确保您所提供的信息是真实可信的。您也有权决定是否回答此问卷和其中的相关信息，如果您填写，我们将对所有信息进行保密		
公司概述	公司名称	
公司概述	公司类型	
	母公司（控股公司）	
	地　　址	
	邮政编码	
	法定代表人姓名	
	联系人姓名	
	电　　话	
	电子邮箱	

① RFP: request for proposal的缩写，即征询方案函。
② RFI: request for information的缩写，即信息邀请函。

续上表

基本信息	资　　本	注册资本（人民币元）	
	注册时间	（年 - 月 - 日）	
	全职雇员	请提供有多少员工数（不含临时工）	
	经营范围	入境旅游业务（可 / 否）	
		国内旅游业务（可 / 否）	
		出境旅游业务（可 / 否）	
	过去 3 年的营业额	2021 年（人民币元）	
		2022 年（人民币元）	
		2023 年（人民币元）	
	业务侧重（2022）	散客旅游（占公司总量的 %）	
		企业用户（占公司总量的 %）	
	用　　户	营业额占前三位的用户（不限行业）及营业额	
	竞争对手	谁是贵公司的竞争对手	
服务	反应时间	提供方案、报价所需时间（工作日）	
		投诉反馈所需时间（工作日）	
	能力体现	如何处理紧急情况	
		如何处理投诉并提供解决方法	
		如何保护商业机密	
		如何使服务达到合规要求	
	服务团队	贵公司是否由专人和一个团队负责我公司业务	
		如果有专人负责，请描述他具备哪些技能、知识及管理素质	
管理	质量体系	贵公司有无质量评估系统？如有请简述贵公司遵循的质量控制流程	
	供应商管理	贵公司遵循什么流程和原则选择第三方（酒店、地接社等）	

续上表

成本	报价格式	贵公司是否接受净价＋服务费的方式？是否需在报销时提供第三方凭证复印件	
		国内机票是否收取服务费？如果是，收费比率	
		国际机票是否收取服务费？如果是，收费比率	
		代付部分服务费是多少	
		项目基本服务费（不含以上内容）是多少	
		是否接受定期审计，如果审计不合格，同意接受处罚	
	付款方式	您是否接受我公司标准的付款方式：无预付款（是／否）	
		如果不接受无预付款，请提供贵公司的预付款要求	
		您是否接受我公司标准的付款条款：对账完成收到发票后 60 天付款（是／否）	
		如果您不接受付款条款，请提供贵公司的付款要求	
	成本控制	在帮助我公司节约成本方面有何建议	
合规	合规执行	是否有书面的规章制度？如发现违规行为，将如何操作	
结　束			

（3）方案澄清与最终选择。

第五步，实施与执行。

实施与执行流程如下：

（1）系统设置；在与供应商签约后，企业通过供应商的线上预订平台完成员工差旅机票酒店的预订。供应商需要根据企业的差旅申请和审批政策为企业提供定制化的预订系统，如审批层级、协议价格、节省政策等。

（2）系统测试；定制化预订系统设计完成及系统部署完成后，系统需要进行测试。

（3）员工培训。采购部及供应商联合对所有员工进行在线预订系统的操作培训。

第六步，评估与改进。

对供应商合作情况的评估主要以合同中签订的服务标准协议为主，差旅管理服务标准协议示例，见表3-6。

表 3-6　差旅管理公司服务标准协议

服务标准协议			
1	KPI	设定目标 / 标准	衡量
出票服务			
1	电话服务	90% 的电话在 20 秒内接听，50 秒后未接听电话率低于 5%	
2	预定时间要求	（1）国内航班：根据用户要求出发时间提供（＋/－)2 小时内的其他航班选择及最低合理票价建议 （2）国际航班：提供三个选项 （3）复杂国际航线：根据航空公司的反馈	
3	紧急服务	7×24 小时服务	
4	退票服务	（1）在接到通知后的 24 小时内 100% 确认及处理退票请求 （2）接到退票申请后的 5 个工作日内处理完成 95% 的退票申请	
5	差旅政策合规率	100% 符合我公司差旅政策规定，记录下所有不合规事项供内部审计部门追踪	
6	质量控制	（1）每一单交易须通过质量管理流程的检查 （2）确定预订服务后保证预订信息的准确性 （3）保证行程及差旅文件的准确性	
报告及节省服务			
1	月度报告	按时出具报告	
2	业务回顾	在月度数据报告的基础上每半年进行业务回顾并给予专业建议及提醒	
3	成本节省	协助用户达成 10% 成本削减的目标	

续上表

	投诉处理		
1	事件解决/用户问询	（1）接到投诉后的4个工作小时内应打电话回访 （2）接到投诉后的5个工作日内应提供书面解决方案 （3）如果需要第三方如酒店或租车公司做整改的事件，根据事件具体情况可以允许10~15天内提供书面解决方案	
		（4）在小于等于5个工作日内解决完95%的要求提供整改行为的用户投诉 （5）在小于等于15个工作日内完成90%的需要第三方（即供应商）提供整改行为的用户投诉，如果不能在15个工作日内解决，应每周更新一次事件解决进展及状态	
	其他服务		
1	运营升级流程	如果差旅顾问不能满足用户要求，需要立即告知小组领导；如果小组领导也不能解决问题，应立即告知运营经理解决问题	
2	在线调查问卷	每半年进行一次用户满意度调查，获得用户服务满意度的反馈	
3	流程及成本优化	应实时沟通任何运营实施及流程、成本的优化机会	

第四节　需求管理

采购工作的源头来自使用部门所提交的采购申请单。一份完整的采购申请单应注明需要采购的产品名称、型号、品牌、规格、使用场景、质量验收标准、交货时间和地点、其他要求（如售后服务、预算范围等）。如果这项工作的源头存在不准确、不详尽、太紧急、不透明等情况时，接下来的采购行为在执行过程中就有极大可能出现偏差，采购结果也不会令人满意。采购需求管理这一概念的提出，让采购人员有机会参与到使用部门确定需求阶段，以保证后续采购结果达到预期。

一、需求管理管什么

需求管理既要管买什么，也要管买多少和什么时候买。

1. 集中需求、合并采购、采购前置

这一条属于品类管理的精髓，也是需求管理的重点。需求管理将各部门都会发生的重复性采购的同类型或类似型号的产品进行汇总分析，提前统一规划，做好供应商选择及固定费率的谈判，签署长期合约。各部门发生单次采购时，按合同价格与签约供应商下达订单。

例如，生产部和工程部都需要购买劳保产品，而且使用的品牌型号还不一致，造成采购人员的询比价工作较多，价格谈判也不占优势。汇总各部门需要的劳保产品数据，分析是否可以统一品牌和规格，要求各部门统一采购，这是从源头上改变了原始的采购需求。

2. 采购部与供应商签订阶梯价格

计划部门、生产部门与采购部门需共同协商，确定采购数量，价格才能最大化地利用阶梯优惠。若订单数量太少则单价高，订单量太多则库存高。采购时机也是同样道理，供应商有固定的供货周期，如某件产品生产需要2周时间，运输需要1周时间，那么采购部原则上应提前3周下达订单，以确保物料能刚好在生产排期前到达工厂。

采购部需要与生产部门、计划部门及供应商保持高频的沟通，及时了解排产情况，对订单及交货状态做到心里有数，在计划部提采购申请时给予恰当的建议。

二、需求管理的特点

1. 间接采购相对直接采购难度更大

无论是直接采购还是间接采购，在需求管理上都存在一定的难度，

相对而言间接采购的需求管理难度更大些。

> 【案例】
>
> 　　技术出身的资深生产经理王傲被调任到采购部担任采购总监，一次王傲听到一名技术工程师与采购员陈稚在讨论某生产辅助设备的采购。王傲问技术工程师："这台设备有详细规格说明吗？"技术工程师回答："没有。车间领导在参观总部工厂时发现一台小型搬运设备非常好用，有助于提高生产效率，所以拍了照片回来后让我们在国内市场上找。"王傲又问陈稚："那你知道去哪里买这台设备吗？"陈稚回答："不知道，现在正让长期合作的几家提供类似设备的供应商在帮忙找。"
>
> 　　王傲挖苦道："所以采购人员不知道买什么，技术人员也不知道买什么，供应商也不知道卖什么。然后你们就一起满世界瞎找。"这听起来像是个笑话，却是间接采购工作中常见的现象。

　　总结起来，对于应该买什么产品，使用部门与采购部门有如下几种奇妙的搭配：

　　（1）使用部门知道买什么，采购部门不知道。对于新接管的、技术含量程度高的产品品类，或者由资历尚浅的采购人员接管新品类时会出现的情况。复杂的采购，如工程施工服务、广告创意、临床服务等，是采购人员在短时期内较难掌握的业务形态、成本结构，以及评判供应商优、劣势的采购品类。

　　（2）使用部门知道买什么，采购部门也知道。对于常规的经常采购的产品，使用部门和采购部门团队都有丰富的产品知识，较为了解产品性能和使用规范。例如，行政部为员工配置办公文具、家具、设备等；IT部门为员工配置的计算机及相关设备、IT服务及相关设备等。这两类通常是企业最早由间接采购部集中管理的品类。

（3）使用部门不知道买什么，采购部门知道。对于非常规性的不常采购的产品，如果使用部门之前没接触过则会不明确具体需求，但资深的品类采购经理却因为经验丰富而非常了解此类产品的规格和服务的标准。

【案例】

行政部要买轨道式移动文件柜，并向采购部推荐了一家家具供应商，对方提供了几种产品规格供选择。采购总监陈品曾经在多家企业负责过物流设备的采购，知道这种类型的文件柜，既可归类为家具，也可归类为物流设备。恰当的归类是物流设备，若从物流设备生产商那里采购轨道式移动文件柜不仅能获得更优惠的价格，而且能获得更匹配客户需求的优质产品。

为什么是物流设备而不是家具？首先，办公家具是放置在办公室中，需要与其他办公家具在风格、材质上相统一，而移动式文件柜占地面积大，通常放置在单独的库房中。其次，办公家具的规格较为标准化，而这类移动式文件柜却不是常规家具产品。通常一家家具生产商只会生产固定的几种规格，甚至有的厂家自己并不生产，而是从其他厂家采购后配套供应给企业的。这类产品却是物流设备生产商的常规产品，供应商可以根据企业的仓库面积、高度、层板承重要求、放置物品的高度来灵活设计层高、板厚、移动轨距等。

如果按照行政部的建议从家具商采购轨道式移动文件柜，企业难免会受限于厂家提供的有限的几种规格的产品，不能实现空间的最大化利用，对放置物品的重量、高度也只能委曲求全：太重的物品只能分几层放置，否则会压弯层板；太高的物品只能横向放置，而不是竖立着放置。

陈品带领行政部同事参观考察了几家物流设备制造商及类似产品的用户应用案例后，顺利选择了一家供应商并买到了满意的产品，对后续的售后服务也非常满意。因为陈品所在的企业是制造型企业，本身就有生产车间和库房，也经常需要采购物流设备并且有长期合作的物流设备供应商，所以无须增加新供应商，由原合作供应商供货，得到的价格和服务都更好；让专业的厂家做专业的事。如果只有办公室没有厂房和仓库，且很少用到物流装备的企业，通过办公家具供应商采购也是理性的选择，能避免因为是偶发的单次采购，而得不到供应商及时的售后服务。

（4）使用部门不知道买什么，采购部门也不知道。对于本土市场非常少见，或非常规的产品，通常是国外总部在中国建厂，照搬国外工厂设备配置在国内采购时，国内市场没有成熟的类似产品，或国内工厂工况与国外不完全相同；或者企业领导在某处参观时发现某种新产品，希望采购但自己又说不明白要求，也提供不了具体参数的产品。由于这些特殊性导致使用部门和采购部负责人都对产品不了解，采购和寻找供应商的过程处于摸着石头过河的状态。

【案例】

某企业主营业务是为饮料厂提供大型生产线设备。该企业中国区新任副总裁原来是马来西亚工厂负责人。他上任后大力推行精益生产，要求单个产品组件在特定加工区生产完成后能高效转移到下一个加工区，并汇集到最终的组装区完成最后的组装。

副总裁和精益生产部的同事多次开会讨论了几个方案，一是马来西亚工厂现使用的转运平台设备，二是该企业欧洲工厂使用的气垫设备，三是国内通用的吊车设备。

方案一：马来西亚本土供应商提供的定制方案，如果在中国找类似大型的转运平台，需要从技术方案、使用工况上进行验证。

方案二：在国内的运用不普及，只有少数军工企业会采用气垫转运大型设备。

方案三：在国内更多用于建筑，在一家工厂内部进行转运，存在的技术难度也非常大。

该项目在需求确认、供应商市场考察、方案验证阶段花了近一年时间，最终采用了马来西亚供应商的设计方案并在国内找加工商。这种采购方式可想而知达不到预期效果。

其他需求管理的难题：使用部门在有意向采购某项新产品时，习惯性地直接与供应商联系，在确定完基本参数和预算后才向采购部提采购申请。此时采购部按流程规定找三家供应商询价、比价时就会面临几个矛盾：使用部门留给采购部的采购周期短；新加入的供应商重新完成产品设计和选型需要大量的时间。因而，采购部很难满足使用部门对采购周期的要求。

对于非标准产品，原预算阶段供应商提供的产品选型、技术规格往往具有自己的独特优势，新供应商在此基础上或者不能完成技术要求，或者价格上不占优势。

2. 直接采购中的需求管理

在直接采购范围内谈论需求管理，更接近于采购预测和订单计划的概念。由于企业通常会在ERP系统中创建物料主数据，因而所采购物料汇集了生产部门、质量部门、采购部门的建议和共同认可，有完善的产品名称、规格描述和质量标准，并且需要通过样品采购与试用的阶段，所以一般不存在因为物料描述不清，买错产品的风险。

此时需求管理的难点是供应链管理部门应制订准确的需求计划，有利于采购部进行交期管理和价格管理。如果需求计划不准确，要求的交货期太短，采购人员不得不紧急与供应商协调加急排产和运输，造成因供应商交不了货而使生产缺料的风险。

三、需求管理的解决思路

1. 权责分明各司其职

对于使用部门知道而采购部不擅长的品类，以两个部门合作权责分明、各司其职为基本原则，充分发挥两个部门各自在技术评价和商务谈判上的优势，建立高效协作。

使用部门在提交采购申请时，应附上详细的技术规范说明；需要技术澄清时，由采购部门安排三方会议，使用部门与供应商沟通无误后以备忘录形式增加对技术规范说明的增补。只有在技术规范完全明确的情况下，采购部门才能发出询价、比价或者招投标流程。

在这种情况下，企业所面临的风险是，采购部过于依赖使用部门与供应商之间的技术规范沟通，一旦出现纰漏造成采购的设备不能满足使用需求时，采购部和使用部门不是以共同解决问题为己任，而是相互之间推卸责任。

企业如何防范风险？打造共同担责的文化氛围。对于技术层面，使用部门承担主要责任，而采购人员也需要出席技术沟通会议，承担次要责任。

2. 早期介入

一个经验丰富、业务成熟的采购团队，会要求使用部门在制订需求计划或者在设定采购预算的早期阶段就邀请采购人员参与其中。如果采购部不强调早期介入的重要性，使用部门通常的做法是通过自己的方式了解到所需产品或服务的预算，确定了技术规范说明，甚至已基本敲定了供应商后才将采购申请提交给采购部。

使用部门在项目早期阶段，即预算阶段不邀请采购部参与，而是通过自己的渠道去了解产品和供应商时，存在几个弊端：一是对供应商市场了解不充分，因而制定的采购预算不准确；二是项目立项或预算审批时间过长，等采购申请提交到采购部，原先的预算已经不能满足当前市场的需求；三是使用部门通过对所采购的服务和产品有很高的期望，未周全考虑匹配度和性价比。采购部在考察产品市场时，认为如此高档次的设备并不符合本企业的业务形态，过高的采购预算是对企业资金的一种浪费。无论哪种情况，采购部与使用部门之间都难免有一番争论。

3. 分清想要的和需要的

很多采购人员会说，收到确定的技术规范说明后再开始采购流程，难道这不是正常的操作流程吗？从职业安全的角度来讲，这一流程是正确的，我们可以称之为政治正确。但从企业经营的风险、经济价值和资金利用率方面来讲，采购部有能力却不提醒和协助使用部门提出更准确的需求实现企业利益最大化，采购部是失职的。

4. 深度介入

在成本压力大，以技术为导向的领域，采购从成本数据方面提供支持，与设计、技术部门成立革新小组，共同探讨技术迭代，原材料更换的可行性。

5. 借助外在力量

对于使用部门和采购部都不太熟悉的新产品或服务的采购，如果企业内部无法确定具体的技术规格要求，借助外在的力量是最好的解决方案。例如，聘请咨询顾问深入调查企业业务形态，确定所需采购设备或服务的具体技术规范说明，由企业采购团队主导后续的采购流程；咨询顾问也可以协助调查和评估市场上有竞争力的潜在供应商，为采购团队提供支持；企业甚至可以将此产品或服务的采购服务全包给咨询顾问公司。又如，邀请多家供应商参与技术讨论，为企业采购团队提供建议；参观同类型企业的设备运行状况、参观设备展会深入了解设备；参观同类型用户的服务状况，等等。

第五节　直接采购和间接采购的职业前景

一名采购人员从业之初所负责采购的产品往往对他将来的发展路径起到决定性的作用。负责直接采购的采购人员在换工作时受行业的限制更多，而负责间接采购的采购人员再次择业时受到的限制较小。但万事没有定论，只要采购专业技能过硬，综合能力强，这些限制都是可以打破的。

一、不懂技术的人只能做间接采购吗

采购是个技术活，直接采购尤其如此。但没有技术背景的人就完全做不了直接采购吗？有人甚至认为间接采购工作相较于直接采购会更加容易。为了把这个问题说清楚，我们先对采购从业者在进入采购圈之前的背景做一个归纳与总结。

虽然已有不少国内大专院校开设了采购与供应链相关的专业，但在下面的分析中，我们不会单独把专业列出来作为一个分析项。因为采购是一个对个人素质、综合能力、实战经验、社会经验都有较高要求的职业，采购专业的毕业生，并不比其他专业的毕业生更占优势。

采购人员在加入采购部之前的过往职业背景通常有以下几种：

（1）技术部门的技术人员。例如，工程类（环保、能源、电力等）企业的项目部、方案部、设计部；制造型企业的生产部、技术部、研发部等。这些企业的采购工程师既要了解产品的成本构成，也要根据产品图纸核算零部件的材料构成、加工工艺所需的人工工时，从而判断供应商的报价是否合理。对于非技术出身的采购人员来说，看懂图纸、学习加工工艺是一个缓慢的过程。在这种情况下，企业会动员技术人员转岗到采购部，让这些具备技术、工艺知识，熟悉生产工艺、产品设计的技术型采购工程师来担当企业与供应商之间的桥梁，促进产品设计与工艺设计的交互优化。因而，这类企业的专业技术人员往往会根据需要，或者出于个人的意愿，从技术部门转岗到采购部从事直接采购工作。

（2）职能部门的从业者。例如，企业的销售部、市场部、行政部、财务部、仓储物流部等。在集中采购概念没有完善之前，很多企业是没有间接采购部的。各职能部门的采购行为都是由各部门负责人自行操作，也就是自己用的东西自己买，没有有效的监控因而容易滋生腐败与违规行为。随着集中采购管理理念的成熟与普及，企业开始出现独立的间接采购部，形成间接采购部与各职能部门相互合作、相互监督的机制。独立的间接采购部有更多的时间去研究供应市场，通过规范的流程和策略去组织和管理采购行为，在满足企业合规需求的同时，提升采购效率、降低采购成本。职能部门的成员自然也是转岗成为间接采购的合适人选。市场部的人员能转岗为负责市场服务品类的采购经理，其他职能部门的人员同理也能在一定条件下转为相应品类的间接采购负责人。

（3）职场新人。因为各种机缘进入到采购部担任助理、翻译或者实习生等工作。他们的专业五花八门，如语言类、商务类、行政类、技术类等都有可能。无采购经验入职的采购员在后续的发展中既有转成直接采购的，也有转成间接采购的。不懂技术只能做间接采购吗？有技术背景从事直接采购当然好，但现实中从事直接采购的采购员其出身背景五花八门。如果采购员进入到技术壁垒很高的行业，没有技术背景短期内很难有发展。但任何职业的发展都有两条线：垂直发展是锻造专业度，横向发展是提升管理能力。坚持到最后，总有少数人走向高级管理岗位，这时拼的是综合能力。需要指出的是，在绝大部分企业中从事直接采购，技术壁垒并没有想象中的那么严苛。

二、直接采购与间接采购的优点及难点

从事过直接采购的人转做间接采购时常常会感叹"间接采购太难做了"。然而，间接采购如果处理得当，它将为企业带来显著的成本节省效果。

1. 直接采购的优点及难点

优点：直接采购虽然对技术知识要求高，但在具体采购中，通常情况是设备或产品技术规格由技术部或生产部把关，供应商质量和产品质量由质量部和品控部主导，采购员的工作相对纯粹，是技术加上商业的结合。

难点：有较强的技术壁垒。如果技术能力不强，其他对口部门，包括供应商都会挑刺不配合。采购人员从中层向高级岗位跨越时难度较大。因为有技术壁垒，采购人员换工作一般只能在同行业，或关联行业内。

市场上大部分培训课程、专业书籍都是针对直接采购的。虽然有共通性，但负责间接采购业务的采购人员，需要自己在实践中不断摸索。

2. 间接采购的优点及难点

优点：不限行业，跳槽相对自由；有同行业工作经验是加分项。

难点：复杂的人际关系。间接物料一般没有专门的技术部门负责产品规格，质量部门也不参与质量审核，因而在发生采购物品不符合要求时，使用部门和采购部门会互相推诿，采购部常常成为背锅侠。

采购工作是商务加人际关系、加技术、加管理，以及更多综合能力的组合。

思考与练习

（1）根据贵公司的业务情况试着划分品类，并详细描述品类的定义。

（2）分析你目前最常采购的关键支出额最大的产品是什么？试着按本章介绍的品类管理步骤制定策略并逐步实施。

（3）分析某个使用部门在提交采购需求时的特点，存在哪些问题？思考并制定相应的提升和改善方法。

（4）根据你所在行业的直接采购和间接采购的特点，以及特殊要求，思考自己有哪些需要加强的技能或知识，以便能突破直接采购和间接采购或者行业的限制。

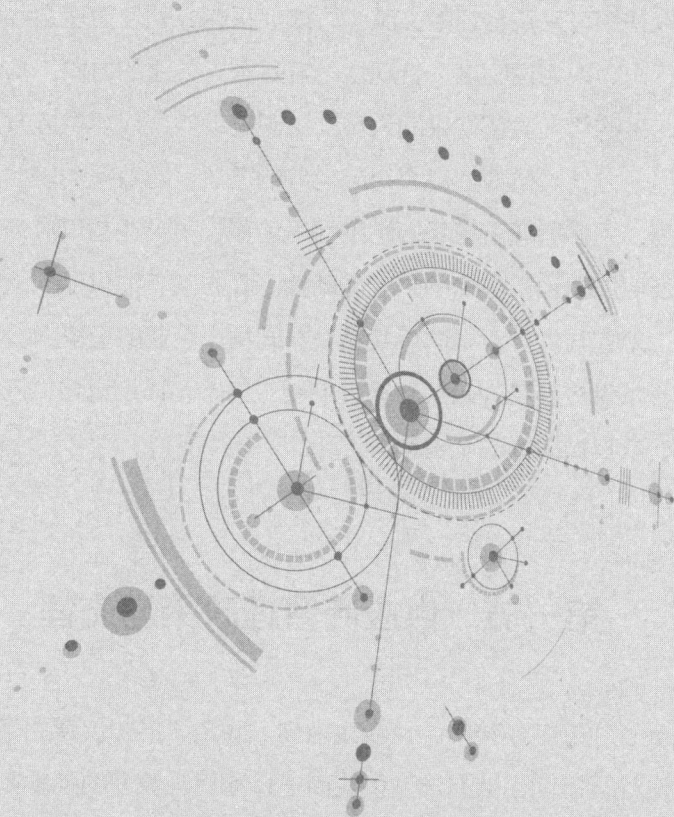

第四章

供应商管理

在以往探讨采购管理的文献中，如何采购，如何管理企业内部采购人员的行为、采购透明度、合规性一直是重点关注的方向。从采购方的角度看，采购管理更重视采购人员的主观能动性，显得供应方只是配合采购的另一方，其重要性没有得到足够的关注。随着采购职业成熟度的逐渐提高，采购管理者已经开始把目光前移，更关注与供应商的关系发展，以及更加重视供应商的主观能动性。卖方从单纯供给向战略合作方面转变，采购与供应双方携手共赢，共同提升企业的竞争力。

本章从供应商管理政策和流程的制定开始，详细讲述供应商从引进到发展，或者被淘汰的全过程。

第一节　供应商管理政策与流程

在我过往的工作经历中，我注意到一些企业最初仅建立了采购管理政策和流程，里面虽然有涉及供应商选择流程与管理的条款和规定，却没有单独的供应商管理政策和流程。然而，随着企业逐渐认识到与供应商建立良好关系的重要性，不仅开始制定独立的供应商管理政策和流程，而且有些企业甚至成立了专门的供应商管理部门，或者在采购部内部设立了专门的供应商管理职位，以加强这一领域的专业管理。

供应商管理政策和流程与采购政策和流程是一回事吗？

在采购管理流程中供应商选择重视的是询比价、招投标的过程控制，而供应商管理政策和流程是供应商从开发、资质预审、合同谈判、质量审计、绩效管理，以及关系发展的全过程管理。供应商管理流程的目的是规范企业与采购业务相关的供应商管理的标准程序，以及各部门的责任和义务，适用范围等。

为什么企业应该重视供应商管理政策与流程？

如果选错了供应商，采购流程的结果一定不会好。同样，即使最初选择了正确的供应商，疏于严格的绩效管理，供应商的表现也会不进而退。这和人才的选拔很相似，我们都知道，选人的重要性优于培养人，但即便是选择到了合适的人，若缺乏管理和激励，也是既发挥不了人才优势也留不住人才。供应商管理政策与流程重点关注的正是考核与选择，以及激励和培养。

供应商管理流程涵盖了新供应商寻源、供应商资质评估、供应商选择、供应商主数据建立、供应商绩效评估以及供应商关系发展中应遵循的相关规定和管理策略。

图4-1为某企业供应商管理流程图。

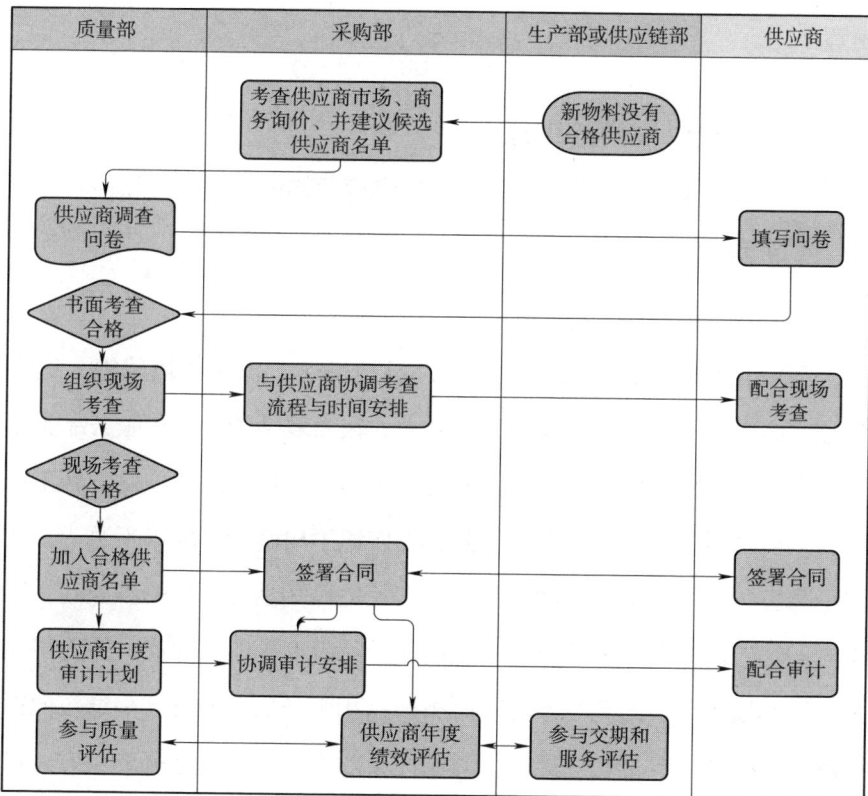

图4-1 某企业供应商管理流程图

第二节 新供应商的开发、评审与准入

初入职场的采购新人，或者刚进入某个新行业的采购人员，在供应商寻源、评审与准入时都会感到惶恐，如何才能引进企业所需要的合格供应商？下面将介绍供应商开发的三个层级：寻源、评审及选择。

什么情况下企业需要引进供应商？企业用量大的物料只有唯一供应商资源，需要增加以保证供应稳定；现有供应商质量下降或服务不满足要求；新产品没有合格供应商；采购部或生产部评估认定现有供应商缺乏竞争力。

一、寻找供应商的渠道

企业采购人员（非政府采购）寻找供应商的渠道有以下几种。

1. 互联网

如何才能快速搜索到准确而有价值的信息？

利用互联网搜索供应商，适合产品标准化、供应市场成熟，竞争充分、信息透明，易于管理的采购品类。较为复杂的产品和服务品类不太适合在互联网上搜索供应商，如施工工程类项目。此类项目隐蔽工程多、工程材料的正品假货不易区分、工作量不易衡量、成本不透明，且安全隐患多。由于上述特性，对于非常陌生且知名度不高的供应商，采购方和供应商相互之间都难以产生信任。品牌度高的供应商一般价格也高，采购量小的买方高攀不起。此类产品和服务最好的方式是通过值得依赖的同行或朋友推荐。另外，对于完全陌生且知名度不高的买方，供应商也会担心采购只是找他们来陪标的，不会真心参与竞标，中途弃标的情况时有发生。

哪些关键词更利于搜索到有价值的供应商信息？

搜索行业内的知名品牌，和行业龙头。如果这些头牌供应商不符合买方企业的需要，则从这些头牌供应商的网站入手，追溯更多类似供应商的信息。除了以产品名称作为关键词进行搜索外，还可利用产品的核心组件、原材料等作为关键词，也能获得意想不到的惊喜。

2. 行业展会或研讨会

聚焦于某个行业、专业或某类产品的展会、研讨会，是最为高效的一种寻源方式。一次性接触到某品类的几乎全部主流的供应商，而且有机会见识到产品的实际应用过程，与供应商的销售人员或者管理人员深入交流，还能比较同类供应商的优势与劣势，这是参加行业展会的最大价值，也是买方宣传企业形象的一次机会。下面列举几种适合通过行业展会寻找供应商的产品和服务品类，以及典型的展会作为参考：

（1）适合制药企业药品原辅料、生产设备、服务商采购的展会。例如，中国国际医药原料药、中间体、包装、设备交易会。在中国化学制药工业协会、中国医药包装协会的支持下，展会成为会集行业精英人物、展示先进的产品技术、帮助企业解读政策法规，提高行业生产水平和反映行业发展趋势的品牌盛会。

（2）适合环保企业、水处理企业采购的展会。例如，上海国际水处理展览会、亚洲水技术展览会、广东国际水处理技术与设备展览会等。其中亚洲水技术展览会作为一个完全专注于水领域的专业展会，覆盖水处理全产业链，它包括净水、水与污水处理、水环境治理、给排水管网及泵管阀、过程控制与自动化管理、智慧水务等领域的全方位展示。

（3）适合差旅管理采购的展会。例如，中国（上海）国际会奖旅游博览会，它是国内顶尖的专业展览会，坚持为MICE^①提供供需对接平台，是中国首屈一指的国际性专业会议。

（4）适合食品饮料包装机械采购的展会。例如，中国国际饮料工业科技展是中国领先的以饮料工业科技为主体的专业展会。在集中展示饮料全产业链技术与装备的基础上，还特别关注小试设备及生产线、原辅料及其处理、智能制造系统、机器人等领域的创新成果。

3. 专业期刊

虽然期刊（杂志）都已经电子化，在这里单列出来，是区别于互联网的广泛撒网式搜索。利用期刊适用于非常特殊、极具专业性的产品和服务品类。例如，制药企业的原辅料、化学试剂；建筑行业、能源化工行业的金属原材料供应商等。

4. 行业协会

各行各业都有自己的行业协会，通过协会活动获得行业最新信息、结交新朋友。采购人员通过行业协会负责人，或者通过参与活动可以快速了解行业动态以及大量的供应商信息。

5. 企业数据库中曾合作过的供应商

只要不是从无到有创办的全新企业，正常运营的企业都有历史的交易记录。这些曾与企业合作过的老供应商，因为不知道是谁推荐的，是否是通过严格的审核引进的，采购人员如果想要沿用难免会有一些风险。有风险并不可怕，避而不见才可怕。采购人员应该遵循现行的供应商管理政策和流程，对所有供应商进行审核，包括已存在的老供应商。不带偏见地选用合格的、合适企业发展需要的供应商。

---

① MICE: meeting（会议），incentive（奖励旅游），conference（大型论坛），exhibition（展览）的缩写，通常指会展。

6. 集团下属其他分公司共享的供应商

一些大型集团企业会成立采购联盟，就主要产品和服务品类分享甚至大力推行集团共用的供应商。利用合并采购量、统一的采购协议来获得最优的采购条件。对于中小型集团企业，虽然没有采购联盟，仍然可以共享彼此的可信赖供应商，相互之间获得一些价格和服务上的支持力度。

7. 其他人推荐的供应商

这里包括企业内部同事、外部采购同行，以及其他有相关信息和渠道的熟人和朋友。在这里列举的几个关系中，采购同行推荐的往往最值得采纳，因为采购同行知道可靠供应商的重要性，一般会推荐经过审核的且长期合作下来可信赖的供应商。同时，如果推荐的供应商在服务过程中出现纰漏，采购同行可以提供解决思路，甚至通过给供应商施压的方式协助解决问题。提醒注意的是，非采购圈的朋友推荐的供应商有一定的随机性，需要重点审核和管理。

通过现有或潜在供应商推荐关联供应商也是一种寻源方式，常见于有关联性的产品和服务。例如，通过知名品牌的建筑材料供应商推荐合作过的施工工程供应商，通过一种物流装备的供应商（如叉车）推荐货架的供应商，通过电脑硬件的供应商推荐软件供应商等。

二、新供应商的考察与评审

初步搜索到可用的供应商后，我们通常称为长名单，下一步是考核及评审供应商，只有评审合格的供应商，才能作为潜在供应商被邀请进行询报价、招投标，或者打样环节。能进入这一环节的供应商名单我们通常称为短名单。供应商评审步骤分为以下几个层级。

1. 供应商自评

采购人员要求供应商填写及提交供应商信息表或调查问卷等形式的

表格，收集基础信息和资质文件是供应商自评的常用方式。

供应商信息表或调查问卷通常包括以下信息：

①财务数据；②人员组织结构；③生产能力或服务能力；④产品质量；⑤工程、设计、创意能力；⑥市场份额；⑦过往案例或典型客户；⑧交期；⑨成本与账期；⑩售后服务；⑪外包方；⑫物流仓储；⑬其他增值项。

【案例】

表4-1是某生产型企业采用的供应商信息表。

供应商自评的目标是：筛选掉资质差的供应商（通过非专业人士介绍进来的关系户通常属于此列）；了解潜在供应商的竞争情况，即是否有足够数量的供应商、素质和能力是否具有可比性等。据此来制定能进入供应商短名单的简单筛选标准。

如果意愿参与的供应商数量多，采购人员可以提高筛选标准；如果数量少，采购人员则需要降低标准或重新寻找更多的供应商参与。

2. 供应商的初步评审

采购人员审核供应商提交的信息表及其他书面材料需要关注以下几点：

（1）利用第三方企业调查软件对供应商合法性及合作风险作初步评估，其中企查查、天眼查等应用软件的会员版能核实供应商的经营情况及存在风险，而通过上述软件的高级会员版或邓白氏等调查公司可以得到更深度的调查，通常用于为制药企业提供会务活动、咨询等服务的供应商尽职调查。

（2）审核供应商资质文件，包括营业执照、有效的生产经营证明文件、财务能力证明文件（如经审计的财务报表等）、质量体系认证证书、

表 4-1　供应商信息表

供应商名称		公司地址	
公司类型		母公司（控股公司、分公司）	
业务联系人		电话	邮箱
公司管理代表		电话	邮箱
公司网址			
经营范围	注册资本	总投资额	

员工情况

员工数量	全职员工数量	兼职员工数量
部门主管级别以上人员数量	是否有专职设计人员	员工是否都签订劳动合同
是否有明确、有效的组织架构图？请提供组织架构图		

主要客户情况（近两年前三位主要客户）

客户名称	所在地区	提供产品	近一年采购额	是否有年度合同	合作年限

续上表

财务可靠性和信用度

1. 是否有当地工商部门颁发的"营业执照"且营业范围是否包括所提供给我公司的产品或服务？请提供盖章件	
2. 公司成立时间？是否在当地已有一年以上营运经验	
3. 提供资产负债表和损益表（过往两年）	
4. 贵司是纯贸易商还是生产商，或者两者兼有？请说明生产或代理的优势产品或服务，以及覆盖的主要区域和行业范围	
5. 贸易商请提供品牌商销售许可证；生产型企业请提供生产加工许可证及人员上岗证书	
6. 公司是否为我公司现有供应商？若是，请列举提供合作产品或服务的说明	

生产可靠性与产能

1. 是否有整合关键原料的供货来源并有足够的原料（成品）储存能力	
2. 是否自有生产厂房和生产设备？且有明确的生产计划和生产程序	
3. 是否为生产过程控制或成品质量控制设有专门的质量检控人员？相关质量控制人员是否获得相关资格证书	
4. 公司是否有质量管理部门？以及成文的质量管理文件	
5. 是否有成文的不符合产品控制流程？	

续上表

6. 公司是否通过 ISO 认证或相关质量体系认证？请列明并提供盖章卡件	
7. 你公司遵循什么流程和原则选择第三方（下游供货商、加工商）	
配送系统可靠性及服务	
1. 是否设有专业部门或专人负责配送管理并及时汇报交货情况	
2. 是否有明确的配送管理制度？请提供文件	
3. 是否针对配送管理有成文的紧急事件处理流程	
4. 是否配备专人和专有团队负责我公司业务？请描述人员具备的技能	
5. 是否与现有客户合作时制定临时应急方案，以防意外的供应中断	
成本表现	
1. 是否接受我公司标准付款方式：无预付款	
2. 是否接受我公司标准的付款条款：对账完成收到发票后 30 天付款	
3. 是否接受对贵公司进行业务相关的审计	

代理授权文件、产品上市批准证明、产品技术文件，以及含工艺说明、包装运输条件说明等。

（3）在审查供应商财务能力证明文件时，采购人员需要懂得一定的财务数据解读能力，以此判断供应商是否具备财务风险，如是否虚报营业额，在财务数据上作假等。对于重要采购项目，采购人员可以邀请财务部同事对供应商财务报表做出专业判断。

（4）确定哪些是最基本的供应商要求并淘汰掉不符合要求的供应商，如质量体系证书、不接受预付款，要求供应商必须有自己的加工工厂、核心工序不能外包等。

（5）确定是否有必要对供应商进行实地考察。

3. 邀请质量部及相关部门参与实地考察

对于有必要或者有条件进行实地考察的供应商，采购人员应组织相关部门如质量部、生产部、供应链部门，或者统称使用部门等的同事共同参与供应商实地考察。考察时需要关注以下几点：

（1）提前列出重点考察项目，供考察小组成员记录及打分，见表4-2。

表4-2　现场考察打分表

考察项	评价要素	打分（1~5分）
现场氛围	厂房面积、新旧、维护情况；员工精神面貌、工作状态	
生产设备	新旧、品牌知名度、运行及维护保养状态及保养记录	
现场管理	空间布置、生产工序、工具摆放合理性、是否符合精益生产或5S标准	
质量管控	来料及出料检验、不良品的存放及处理	
管理层沟通	通过与核心管理层、关键技术人员的沟通了解企业实力、发展及合作潜力	

（2）考察当日安排好行程，在现场严格遵循安全规定并做好记录，考察后及时收回各部门记录及评分。

4. 样品试生产

必要时可要求供应商进行样品试生产，样品合格再进行下一阶段的竞价与筛选。

通过上述必要阶段审查的供应商会被列入短名单，允许参与到下一步的询价、报价或招投标环节。这些环节需要根据具体情况做调整，如在样品试生产环节可先要求供应商提供预报价，如果预报价超出预期过高，则供应商无须打样，而被直接淘汰出局。

三、如何选择供应商

供应商选择与准入通常有两种情形：一是就具体项目选择合作供应商，通常是非重复性的、低频采购的产品或服务品类，如固定资产设备；二是就某个品类选择合格供应商名录，通常是重复性的、高频采购的产品或服务，如生产用的耗材、员工差旅服务管理等。

这两种情况下的供应商选择的标准基本一致，前者更重视当前的成本、交期等因素，而后者更重视供应商的稳定性、长期绩效及发展，对供应商的考核会更为全面和具有前瞻性。

1. 项目采购

通过供应商预审的供应商将被邀请参与竞价或竞标。采购人员根据项目规模大小和重要性采用不同的采购方式，如竞价、招投标、谈判等。

在项目评选过程中，供应商选择的关键要素，包括成本、交期、产品性能，以及服务方案、售后服务等，预审中的部分考察项目也会列入到评分表中作为次要的评估要素。表4-3是某日化品企业在购买一套生产设备时采用的供应商选择评分表。

从表4-3中可以看出，该企业购买一套生产设备，属于固定资产，是一次性的投资。在选择供应商时的评价要素中，设备选型是否匹配企

表 4-3　供应商选择评估表

具体考核项目	权重	供应商 A			供应商 B			供应商 C		
		评价	分项得分	权重得分	评价	分项得分	权重得分	评价	分项得分	权重得分
技术设计能力、工艺先进性；对需求的理解，方案及图纸质量，技术可行性	20%	基本上设备选型符合要求	3.50	0.70	设备型号不符合使用部门的要求	2.00	0.40	符合设备选型要求	4.00	0.80
供应能力及系统安装调试能力；厂房及生产设备、加工零件样品	20%	关键产品需要依赖于设备提供商	3.50	0.70	关键产品需要依赖于设备提供商	3.00	0.60	膜生产商；综合供货能力较强；规模最大从业经验最长，供货及安装实力最强	4.00	0.80
项目管理能力；长期合作发展意愿及潜力（人员及生产设备投入）	5%	原有系统改造供应商；对现场情况情况较为熟悉	3.50	0.18	原有消耗品类提供商	2.00	0.10	资源最丰富（技术与设备全面）；关键技术生产商	4.50	0.23
资质、过往业绩及市场反应	5%	注册资本 80 万元，员工总数 30 人；主要客户为电子厂类	3.00	0.15	注册资本 50 万元，员工总数 20 人；没有针对性客户群体	2.00	0.10	注册资本 200 万元，总公司为膜生产商	5.00	0.25
售后服务保障	10%	见附页	3.00	0.30	见附页	3.00	0.30	见附页	5.00	0.50
报价	40%	185.34 万元	5.00	2.00	189.8 万元	4.50	1.80	185.59 万元	5.00	2.00
结论	100%	—	总分	4.03	—	总分	3.30	—	总分	4.58

业需要、安装与调试能力、售后服务三项占据了50%的权重，说明企业考查的重点是设备本身是否匹配企业需求，是否具有成本效益，而该项目对供应商的长远发展前景并没有列入考察重点。

就具体项目选择供应商时，需要考虑以下几点：

（1）如何确定关键评估要素？采购人员应该对项目需求有足够的了解才能确定合理的评估要素，这也是对采购人员专业能力的一个考察项。在大中型企业，采购职能较为成熟的部门会制定全面的产品或服务评估表，能涵盖基本所有品类的需要。采购人员只需根据项目特殊要求对评分要素和权重进行少量调整，如交期特别紧急、要求必须某方面专业人员的资格证等。有些企业的采购部会和使用部门共同制定评估要素，这种方法对于新成立的采购部或者技术导向型的采购品类非常有效，既能发挥使用部门的优势，也能积极促进两个部门间的合作关系。

提醒注意，表4-3中交期并没出现在评分项中，说明在这个项目中各供应商的交期都可以满足，或者不是最重要的考察项目。

表4-4是一家企业选择某个路演活动的服务提供商评分项目。

表 4-4　路演项目供应商选择表

具体考核项目	权重
主题是否鲜明突出并体现贴合企业品牌形象；活动内容是否与主题匹配；能否体现此次路演项目的目的；方案的背景、流程、视频、舞台搭建、人员、音乐路演是否与主题匹配	20%
供应提案能力和高校沟通能力及打样能力、进场前项目反应速度，及所要举行活动的高校信息	20%
项目管理能力；长期合作发展意愿及潜力（人员及生产打样的投入）资质、过往业绩及市场反应	10%
整个活动的安排是否紧密周到、管理团队现场协调能力；提案的可执行性；校园安全性	10%
报价	40%

（2）如何设计打分权重？如何打分？评分表中的打分权重和评估要素一样，需要采购人员对产品和服务，以及项目要求有较为深入的理解。一般性的规则是，商务分（价格和付款条款）会占据40%~60%的权重；因为供应商都通过了预审，所以此阶段的企业资质分数往往只占据5%~10%。技术分需要根据项目情况再细分，但总技术分数一般占据30%~50%的权重。采购人员在设计评分表时，需要写明打分规则。因为打分较为主观，写出指导原则能保证各参与人员的打分公平公正，做到尽可能客观。

表4-5是某企业供应商评分表中对如何打分的详细说明。

（3）哪些人需要参与到评估小组？评估小组一般包括采购部和使用部门，但通常都会邀请其他相关部门参与，例如重大金额的项目会邀请财务部参与，对供应商财务状况打分；涉及环境安全的项目需要邀请环境健康安全部门参与；行政人事部涉及员工福利的项目，如餐厅、班车服务提供商的选择会邀请员工代表参与等。哪些级别的人需要参与到评估小组中，主要取决于项目的重要性。有些企业会根据金额来设定级别，如超过100万元的项目会要求使用部门的负责人参与评分，超过1 000万元的项目会要求企业副总等高管参与评分。生产型物料供应商，也就是直接采购供应商的评估，通常由质量保障部门或者供应商质量部门主导，制定评估流程、评估要素并决定最终入选供应商。直接采购供应商的具体选择流程可参见接下来讲的品类合格供应商。

2. 品类合格供应商

就特定品类建立合格供应商名录的评估原则基本上和特定项目的供应商选择原则相同，但管理流程不同。实际上，直接采购供应商的选择都属于合格供应商的选择，而对于间接采购，很多企业更重视项目采购，不能充分认识到建立合格供应商名录的重要性，这与间接采购管理在国内中小型企业中尚不成熟有一定关系。

表 4-5　供应商选择表打分原则

评估内容	评估标准	权重
一、标书准备及现场讲标评价		35%
标书是否按要求提供信息	全部按要求填写 100 分，如有一个漏项减 20 分	2%
团队专业经验、人员配备、执行资源	100 分：很好；80 分：不错；60 分：一般；40 分：不好	5%
科学清晰的业务流程（包括质量管理、客户投诉处理、应急方案等）	80~100 分：清晰的流程、具体介绍质量管理、客户投诉等信息；60~70 分：分享案例，但信息缺失 1 种或条理不清；60 分以下：信息缺失 2 种或无案例分享	10%
是否有创新的亮点，或具有创新的技术或表现形式	100 分：很好；80 分：不错；60 分：一般；40 分：不好	4%
是否有质量体系认证	100 分：有；0 分：无	2%
附加价值，供应商主动思考并提供方案或意见的	100 分：很好；80 分：不错；60 分：一般；40 分：不好	2%
成功案例分享	80~100 分：案例清晰、条理清楚、设计合理、画面生动；60~70 分：分享案例分析一般，无表现力；60 分以下：无案例分享	10%
二、财务状况评价		10%
财务报告的风险分析	100 分：过去一个财政年度财务报告显示财务状况风险最低者为 100 分；50~80 分：过去一个财政年度财务报告显示公司财务状况风险适中者为 50~80 分；10 分：过去一个财政年度财务报告显示公司财务状况风险最高者为 10 分	10%

续上表

评估内容		评估标准	权重
	三、企业资质评价		5%
供应商基本信息，资质		参照供应商信息调查（企业资质，行业相关经验等）	5%
	四、背景调查评价		10%
背景调查		100分：满意；80分：为良好 60分：可接受；0分：为不满意（终止合作）	10%
	五、价格竞争性		40%
价格优势		0分：各项价格最高；60~80分：可接受；100分：价格最低	40%
最终得分			100%

　　合格供应商的选择相较于项目采购，其选择过程中会增加或更重视以下几点：

　　（1）评估小组成员的构成。基于长期合作的供应商，其年度采购额或者长期的总采购额，对一家企业的经济效益及市场竞争力起着很重要的影响力，因而在评估和选择供应商时，参与评审的人员要多样化，级别也更高。例如，对于关键性的原材料、辅料供应商，生产副总裁或运营副总级别的高管会参与到评估小组中；而对企业销售、促销起重要作用的如会务、市场活动类供应商，通常销售副总裁、市场副总裁会参与到评估小组中。采购部也会根据需要邀请其他高管如首席财务官、安全总监、合规总监、法务总监或人事总监等参与到评估小组中。

　　（2）对于提供实物类产品的长期合作供应商，在选择流程中需要增加产品打样的环节。供应商制作的样品，需要通过质量部的检验是基本要求。在质量部认可产品打样后，还需要组织对供应商的工厂进行实地考察，对其生产能力、质量体系做评估，并提出整改意见。对生产技术能力的考查包含检查供应商生产设备和生产工艺的先进性，以及设备的良好维护状态。生产计划的合理性、质量控制流程的严谨性，以及原材料来源、原材料及成品仓储条件符合质量要求。对质量体系的评估，包括检查供应商管理文件的一致性、完整性和合规性，其中重点是质量评价体系、原料或其他下游供应商的采购文件记录，以及管理流程和员工培训记录。

　　（3）相较于项目采购，合格供应商选择时更重视考察供应商的发展前景及合作潜力，如财务实力、股权结构、管理能力、可持续发展等。在评估供应商财务实力时，建议邀请财务管理人员给出专业建议，必要时可协同参与现场考察，会见供应商财务管理人员，以获得必要的财务数据和信息。

　　为什么要评估供应商的可持续性发展？近年来自然环境的挑战对企业的经营提出了更高的要求，企业在生产运营中不仅需要满足污水和污染物排放标准，也要求产品的原材料来源合乎可持续发展的要求。例如，木材和纸制品必须购买经独立认证的森林资源的林产品，以确保木材资源来自可持续和合法采伐的森林，尤其是对来自热带地区的林产品等。如果供应商的经营违背了可持续发展的相关规定，采购方的声誉也会受到负面影响。制药企业在采购原辅料时需要更多选择植物来源的产品而减少使用动物来源的制品。

　　在评估供应商管理能力时，采购人员应重点询问经营者或管理层的长期发展计划，特别是持续投入研发、升级设备、扩大厂房或培训员工方面的长期计划。中小型供应商经营者的管理理念对其长远发展影响重大，如果通过对话发现供应商的核心管理者缺乏战略性思维，或者经营观念落后，采购人员应谨慎选择。

　　（4）供应商背景的深度调查，能避免社会责任风险、道德风险。对供应商背景的深度调查通常须经过第三方服务商如华夏邓白氏、德勤等服务商进行，重点是观察供应商的合规风险、财务风险，是否遵守商业道德、是否符合劳动法规、尊重员工的合法利益等。

　　合格供应商评选表和项目采购中采用的供应商选择评估表基本类似，这里不再重复。

第三节　供应商关系管理

　　整个供应商的寻源和供应商选择的过程属于战略寻源阶段，而一旦确定了供应商并签署了合同，就是这一阶段的终结，采购人员的工作重点进入到管理供应商绩效及维护和发展供应商关系的新阶段。

供应商关系管理可以进一步分为两个层级，初级是绩效管理，更高阶更复杂的层级是关系管理。实际上，绩效管理是包括在关系管理中的，为了让大家更清楚了解两者之间的区别，下面我们把绩效管理和关系管理分开来讲，先讲绩效管理，再讲关系管理。之所以这样设计，原因是大部分企业的采购部非常重视供应商寻源、重视项目采购，有定期的供应商绩效考评，但没有意识到供应商关系管理的重要性，缺失完善的供应商关系发展策略。

供应商关系管理对采购人员的专业度要求更高，需要有全局观，既懂传统的常规采购也懂长期的战略采购，能熟练掌握各种分析模型和工具，利用这些工具对供应商的价值做深入的分析，同时需要持续投入大量时间。因为难度高、见效慢，在国内仅有极少数大型企业的采购部能实现真正意义上的供应商关系发展与管理。对于暂时没有能力或者没有急迫需要进行供应商关系管理的企业，可以重点了解绩效管理。

一、供应商绩效管理

供应商绩效管理是采购部在完成寻源、签署合同后的后续行为，是对寻源结果、合作质量的追踪与评定。供应商绩效管理是供应商关系发展的基础阶段，先有绩效管理，再有关系发展。对于无论是通过项目采购引进的供应商，还是通过合格供应商评选引进的供应商，其绩效管理的方式方法和理念都是基本相同的，这里不再特意分开解释。

只引进供应商却不做后续管理，有点像某些年轻父母只生不养的行为。绩效管理是约束、监督供应商的行为，确保其实现合同要约承诺、满足企业的供应需求。不重视供应商绩效管理，认为如果确定了供应商，签署了合同就完成了工作的采购部会面临以下风险：

（1）重视签署当下的采购项目，没有考虑到长期的运营成本、售后服务成本、设备改造升级成本，以及额外服务项目的成本等，这会使企业损失成本优势，一旦产生新的需求，采购部需要重新询价谈判合同，甚至需要更换供应商，给企业带来供应不稳定的风险，以及产生额外的采购周期和采购成本。

（2）采购部在完成合同签署后，如果不对所采购的产品的使用情况、设备的运营情况及服务是否满足要求做持续跟踪，企业就不能充分享受到合同中约定的价格优惠和服务项目。

（3）如果采购部在完成合同签署后不再跟进供应商的表现，供应商不重视售后服务，一旦产生合作纠纷，如设备故障、产品或服务质量问题，采购人员参与调停时就没有足够的影响力，进而因不能及时解决问题会进一步对企业的生产和运营产生负面影响。

供应商绩效管理的核心包括质量管理、服务管理、交期管理、价格管理等。

1. 质量管理

在直接采购管理中，供应商质量管理通常由质量部门主导，主要包括审核供应商的质量文件、技术文件，以及组织和实施供应商质量审计并签署质量协议、组织和实施供应商年度质量评估、处理供应商产品质量投诉。如果供应商发生有可能产生影响产品质量、安全性和有效性的变更，也会由质量部发起变更通知。采购部会根据质量投诉报告和（或）质量评估报告要求供应商整改并检查整改结果。

无论是新供应商考察阶段，还是年度质量评审阶段，供应商质量评估都包括人（man）、机（machine）、料（material）、法（method）、测（measurement）、环（environment）这六个方面。"人机料法环测"是对全面质量管理理论中的六个影响产品质量的主要因素的简称，又称5M1E。

（1）人。它是指人员的技能和素质要求、操作与安全培训、身体状况等。对人员的审查包括查看人员资格证、上岗证或者上岗前操作培训记录、相关管理流程、法律法规的培训记录等。

（2）机。它是指机器设备、仪器仪表的状态，以及维护保养。对机器的审查，包括查看设备的购买记录、品牌；检查设备的外观是否清洁、无破损、运行时无异常；检查维护保养记录是否依照设备说明书进行，如有的设备要求每半年需要停机保养，如果厂家为了赶生产任务，忽视设备的及时保养，必然会造成机器故障的隐患。

（3）料。它是指原材料的购买渠道、供应商的选择、来料检查与存放，以及成品的检验、存储与运输等。对物料的评审需要查看几个方面：物料的采购订单、供应商评审记录、产品合格证，原材料存储的环境、物料流转的过程控制，以及产成品的存储环境、运输服务商的评审记录和运输记录等。其中对生产过程中不合格产品控制尤为重要。如果对产品检查不严格，将不合格产品混入到待出厂运输的产成品中，会造成产品因质量问题而被购买企业拒收的风险。

（4）法。它是和其他五项审查相关的法律法规、书面管理制度等，包括各种SOP（标准化作业流程）是否完备、是否有通过ISO[①]质量体系认证等。

（5）测。它是指执行检测的人员是否具备相关资质，以及采用的检测仪器和设备是否在校准期内。所有测量和试验设备必须按照规定进行确认、校准和调整。企业应规定必要的校准规程，包括仪器类型、放置地点、校验周期、校验方法、验收方法、验收标准，以及发生问题时应采取的措施等。

---

① ISO: international organization for standerdization的简称，即国际标准化组织。

（6）环。它是指办公环境、生产环境、仓储环境对产品质量的影响。例如，如果办公环境不安全，会造成人员的健康隐患，而影响到生产；环境因素如温度、湿度、光线等应符合生产技术文件要求；生产环境保持清洁、整齐、有序，及时清理与生产无关的杂物；特定产品的生产环境须满足GMP[①]的要求；对环境的审查需要检查温湿度记录仪的状态，以及是否按照要求执行环境监测；生产中垃圾及污水的排放是否符合国家相关规定等。

表4-6是某企业针对其供应商制订的质量评审计划，涵盖了上述的六个方面。

表 4-6　质量评审计划

序号	评审内容	影响因素
1	公司组织结构、人员及培训记录	人
2	公司资质文件	法
现场检查		
3	仓储区，检查温湿度、虫害控制等	环
4	公用设施如空调、空压机、纯化水等	机
5	生产区域包括设备运行情况、生产环节布局等	机、环
6	实验室包括仪器设备状态等	机、测
文件和记录检查		
7	质量管理文件	法
8	质量标准与检验方法	法、测
9	不合格品的管理	料
10	采购与供应商审计文档	法
11	生产工艺和过程控制	料
12	原材料的接收与放行	料
13	成品的存储与运输	料、环

———————

① GMP: good manufacturing practice of medical products的简称，即《药品生产质量管理规范》。

无论是直接采购还是间接采购，采购人员需要在日常工作中及时记录与跟进，协调质量投诉的解决是供应商质量管理的基本要求。对于重大缺陷，质量部门会填写"供应商质量投诉表"，采购部门将表格发给供应商，要求在规定时间内完成调查、整改计划并及时完成整改及提交证明文件。

2. 交付管理

产品的交付管理通常有几个衡量指标，一是准时，二是足量，三是保质。因为不同企业会有不同的特殊要求，还可再加上灵活性。

（1）准时。准时交付的衡量标准是按照采购订单或采购合同中约定的交货日期按时交货。由于送货到门需要库房人员的配合，产品的质检人员及入库人员配合工作并在系统中做收货动作，同时道路条件、运输状况的变化也会影响交货。在实际执行中，企业会允许一定的收货日期偏差。这个偏差根据不同行业、不同企业会有较大差异。通常情况下，以企业ERP管理系统记录的收货日期为准，一两天的差异是允许的。有些企业对于提前交货没有严格约束，认为提前交货总比延迟交货好。实际上提前到货对于仓库的使用率、占用率、库房人员的工作安排都有影响，所以在衡量准时交付时，超出允许偏差日期的提前交付也会被视为不合格。

（2）足量。足量交付的衡量标准比较容易理解。例如，企业要买10张桌子，供应商自然要送10张桌子，少1张就不是完整交付，属于未完整履行合同的行为。而对于某些产品，如化学品、制药企业的原辅料的计量却容易产生纠纷。一方面，这些粉剂或者液体状的产品存放于不同的包装物中，如袋子或者塑料桶，供应商发货前的称重方式或者仪器有可能与买方企业的称量方式和仪器不同，这样就会出现得出的产品净重不一致的情况。采购人员在签署合同时需要注意对产品包装形式、净重计算方式、产品称量方式等与供应商协商一致，以免在产品验收环节出现争议，造成企业的成本损失。另一方面，粉剂或液体状的产品在装入包装物，以及在称量时容易出现较大的偏差。企业在系统收货时设立的偏差值应根据实际情况确定，有的企业为5%，有的企业为10%。因为如果多装了1千克的粉剂产品要退货给供应商是件很麻烦的事情，涉及重新包装、质检、运输，这种情况下的退货会造成较高的成本损失。如果企业严格规定不能超出偏差值，需要提前和供应商协调好，要求供应商采用更严格的灌装和称量标准。

（3）保质。保质交付对于产品的质量验收，有的企业要求提供质量保证书，或者第三方机构出具的质检报告。制造企业通常有严格的来料质检环节。

（4）灵活性。对于交付管理，有的企业会有特殊的要求。例如，供应商应该在发货前，至少提前一天发送书面通知，这样企业能及时安排收货和验货；买卖双方在签合同时应协商好卸货责任。甲方企业往往希望到货后卸货的责任归属于供应商，因而供应商需要提供安排；有些企业会要求卡车司机负责卸货，这种情况下容易出现卡车司机服务态度不好，或者个人能力有限，无法有效完成卸货而将卸货的责任转嫁给企业方的情况。由于企业的生产任务有一定的波动，企业偶尔会要求供应商调整交货期，提前或者延迟交付。供应商通常能满足延后交付的要求，但对于提前交付，采购人员应该要求供应链同事尽早提出，以免供应商不能及时排产而满足不了提前交付的需求。

采购人员保证供应商的交付可遵循以下几点催单策略：

（1）了解各家供应商的情况，包括采购频次、物品稀缺性、是否唯一供应商、是否有库存、过往交货及质量表现；供应商产能、我方采购量所占份额、合作年限、业务人员的级别与处理能力等；从多维度综合考虑将供应商进行分级，并据此制定不同的催单策略。

（2）掌握多渠道供应商联络方式，包括主要联系人的电话、邮箱、微信、办公场所地址；直属上下级的联系信息。掌握供应商高层领导联系方式的原因在于，在解决一些棘手的问题时，需要付出额外的费用，一线销售人员掌管的费用权限较低，因而解决问题需要向上汇报和申请，而这中间容易造成延误。直接与高层领导沟通和施加压力是迅速解决难题的有效方法。

（3）及时了解市场货源、物流状况，以及其他社会现象如疫情等，判断是否会影响到货情况，及时调整催货策略，同时与生产部门沟通相应的备货计划。

（4）在每月初（对于交货期短的设置在每周）检查当月/周到货订单；发邮件提醒当月/当周要到货的供应商并要求确认到货时间；必要情况下电话确认，或到工厂检查生产、库存情况。一旦发现供应商有可能会延迟交货，一般会先发出正式的书面催货函，这是为了今后一旦打官司能给自己留一个书面的证据。同时了解有可能延迟的原因。与其说是催货重要，不如说是帮供应商找到能准时供货的方案更重要。

3. 价格管理

对供应商进行绩效评估中的重要一项就是对供应商在评估周期内的成本表现评估，为制订下一年的节省谈判计划提供依据。在进行年度价格回顾时，采购人员重点收集以下三类信息：

（1）采购数据及其历史价格变化。采购人员应了解企业的销售预测、生产预测，据此预测采购量，这些数据是与供应商进行价格谈判最扎实的基础。

（2）影响成本关键要素的市场价格变化。对于生产量和采购量稳定的企业，关注成本要素的市场价格变化，如金属、纸张等原材料成本、运输成本的变化，以及时制定相应谈判对策。

（3）影响成本关键要素的技术革新。在上述两项要素没有太多成本节省的机会时，考虑技术革新，如包装材料和形式的改变、运输方式的改变等，这些都能为企业争取更多的节省。

4. 服务管理

对于服务类采购，建议采购人员在签署合同时制定SLA①，根据SLA跟进和督促供应商提供更优质的服务。对于其他品类，供应商的沟通能力、解决问题的能力与效率是评价的关键。

在制定"供应商绩效评估表"时，采购人员应注意以下几点要求：

（1）绩效评估表中的评估要素和规则不能太复杂，不然会给评分小组增加理解和应用中的负担和困难，造成达不到绩效评估的主要目的。

（2）不能把填写评估表当作形式主义，而是切实可行地和质量部门、使用部门开会讨论与回顾，并与供应商详细沟通评估结果，促进相互间的了解及加强合作。

（3）绩效评估表不能与供应商选择阶段的评估表相冲突，也就是在整个寻源与供应商关系发展过程中，对供应商的评定与采购战略都应保持一致。

（4）绩效评估表中应该设立尽可能客观、清晰的打分规则，并设立每项评估要素的权重。

表4-7是某企业采用的直接采购供应商绩效评估表。

供应商绩效评定结果的应用：

（1）控制风险。发现供应商存在关键产品缺陷、重大服务质量问题时，采购人员应立即要求供应商调查原因，并采取补救措施。如果造成了重大影响，没有能力也没有意愿弥补和改进的供应商，应立即制订淘汰计划。更换风险低的供应商可立即淘汰，更换风险高的供应商则需要制订计划寻找替代供应商。对于非重大过失的供应商，采购人员应及时纠正并提出改进计划，同时召集相关联部门讨论处理意见及评估改进结果。

（2）分配订单量。一个物料有多家供应商的情况下，评分的高低是分配订单量、邀请参与更多项目竞争机会的基础。对于评分优或良的供

① SLA: service level agreement的缩写，即服务标准协议。

表 4-7 供应商绩效评估表

评价标准描述		详细说明	项目权重	打分规则				打分	权重得分	说明
				10	7	5	1			
风险分析	公司稳定性	公司运营状况良好，没有重大业务变更、组织架构重组等影响公司运营的事件	7	优秀	良好	可接受	很差			
	可靠性	符合环境、安全与健康相关法规要求	5	优秀	良好	可接受	很差			
	财务状况	具备长期财务增长潜力	5	优秀	良好	可接受	很差			
服务	服务团队	服务团队架构，客户经理服务专业度	7	优秀	良好	可接受	很差			
	问题处理	应急事件，客户投诉处理流程	5	优秀	良好	可接受	很差			
	沟通	沟通方式和态度：在出现异常情况及时告知；积极分享技术更新、优惠折扣等信息或数据	5	优秀	良好	可接受	很差			
交期	准时交货	根据订单约定日期按时交货，偏差在允许值内	7	>99%	95%~99%	90%~95%	<95%			
	足量交货	根据订单约定数量足量交货，偏差在允许值内	5	>95%	90%~95%	85%~90%	<85%			
	灵活性	应对特殊要求如交期提前等具备灵活度	5	优秀	良好	可接受	很差			

续上表

评价标准描述		详细说明	项目权重	打分规则				打分	权重得分	说明
				10	7	5	1			
质量	质量稳定性	质量管理体系、质量紧急预案	7	有	n/a	n/a	无			
	关键质量问题发现次数	—	10	无	n/a	n/a	有			
	非关键质量问题发现次数	—	5	无	1次	2次	≥3次			
	质量问题处理	解决质量问题的时效并及时改进流程	5	3天	5天	10天	15天			
成本	价格稳定性	与前一年相比的价格变化	10	降价>5%	降价1%~5%	涨价1%~5%	涨价>5%			
	成本共享	共享成本明细、市场数据，以及影响成本的技术创新机会	7	>2次	2次	1次	无			
	付款条件	验收合格并在发票日期60天后付款	5	60天	30天	n/a	预付款			

应商分配更多采购份额；对于评分中等的供应商减少采购份额，并对其提出改进计划，在下一次评级分数提升后再恢复其采购额度。制定关系发展策略的依据，在下一小节供应商分级中会详细讲述。采购人员在根据供应商的级别制定相应的关系发展策略，以及在制定策略与执行过程中，应充分考虑供应商年度绩效评估的结果。

二、供应商分级

了解了供应商绩效管理，我们再进一步了解供应商关系的发展与管理策略。采购管理者需要对供应商库的组成结构有清晰的布局，才能做到将资源花在"刀刃上"。这里就涉及一个概念，即供应商分级。就像学校里老师会对学生实行因材施教一样，采购管理者面对数量众多的供应商，需要先分级确定重要性优先次序，再采取相应的管理措施和管理策略。

采购管理者根据分级的结果确定供应商库中不同品类、不同层级的供应商应该分配的管理资源，建立与各特定供应商的最佳关系模式，有计划、高效地调配资源有助于提高供应商绩效的一致性、创新性，并降低总采购成本。

1. 供应商的分级方法

供应商的分级方法有很多种，最为知名和常用的方法是卡拉杰克矩阵模型。这一模型根据产品或服务、对应的供应商对维持企业稳定供应的重要性，以及对企业利润的影响程度分成四个象限：战略型、杠杆型、一般型、瓶颈型。

卡拉杰克矩阵中的供应商分级，如图4-2所示。图中的四个矩阵是依据坐标轴进行划分的，其中纵轴代表利润影响，即高价值或高采购额的产品对企业的销售价格和利润率影响较大；横轴代表供应风险，即产品（供应商）对企业经营供应稳定性的影响。如果商品很常见，而且很容易在供应商之间切换时，供应风险就会很低。如果企业购买的产品非常稀缺且供应商有限，那么供应风险就会较高。另外，如果有新兴技术冲击市场时，企业因为持有过时产品而产生较高的供应风险。

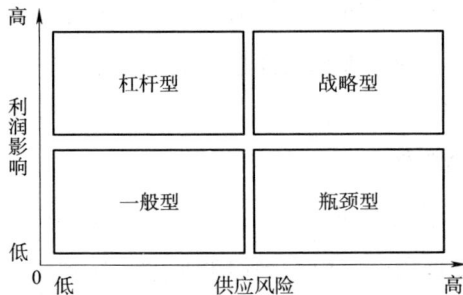

图4-2　卡拉杰克矩阵中的供应商分级

卡拉杰克矩阵根据每家供应商对企业两个方向上的影响力的高低而划分了四种类别。

（1）战略型。战略型供应商位于矩阵的右上角，该类产品/供应商不仅采购额度高，占据了极大比重的采购利润，同时供应风险高，因而对企业的运营起着至关重要的作用。这类供应商在市场上可替代的不多，甚至可能是唯一供应资源，企业对其依赖性较大。管理此类别供应商应采用更多的技巧。在产品和流程创新方面共享资源，确保稳定可预测的合作关系，双方保持相互承诺及共同发展的预期。例如，只有唯一供应资源的稀缺金属，年度采购额高而且来源地是政治非常不稳定的国家，这类供应商应归为战略型供应商管理。

（2）杠杆型。杠杆型供应商位于矩阵的左上角，该类产品/供应商较为标准化故其供应风险低，但产品价值高因而对企业的利润影响较大。对于采购额高但供应风险低的产品，虽说市场上供应源较充分，供应商也有可替代性，但因为价值高，一旦需要更换供应商，其选择流程长、更换的影响也较大。采购人员可以通过设立年度节省目标作为供应商管理战略目标，为企业创造更大利润。

（3）一般型。一般型供应商位于矩阵的左下角，该类产品或服务通常没有太大的供应风险，价值低因而对企业的利润影响有限。该类产品在市场上有较多的供应源，且供应商的可替代性强。办公文具是典型的一般型产品，其产品单价低对企业的经营和利润影响有限。但产品的种类和规格多，使用者也众多，因而花费在办公文具采购上的工作量却并不小。对此类产品或供应商的管理可以统一产品的规格，使其标准化，以及利用平台型供应商，采用电子采购的方式进行管理。

（4）瓶颈型。瓶颈型供应商位于矩阵的右下角，该类产品/供应商虽然采购额低，对企业的利润影响低，但供应风险高，通常是不可替代的、稀缺的产品或具有某种专利的产品、拥有某种特权的供应商，如指定供应商等。采购人员在管理此类供应商的战略重点是发掘可替代性，即开发新供应商，打破供应的局限性。

了解这四种类别的定义，据此制定管理重点和管理措施能提高采购部的工作效率和工作效果。如何将产品/供应商划分到这四种类别中去，还需要一个复杂的过程。

在供应商关系管理中，有两个维度的供应商分级：一是产品分级，二是供应商分级。通常一种产品有多家供应商，而一家供应商也有可能提供多种产品，因此采购管理者可以根据企业情况以产品为主作分级评定，也可以直接进行供应商分级评定。

2. 供应商的分级步骤

第一步，准备工具。确定该品类产品对企业的利润影响，以及分析其供应风险的影响要素。最多列出五条要素，并为每个要素分配权重。列出需要纳入关系管理的供应商名称。

第二步，利用工具完成供应商评估。打分时确保咨询对应的利益关系人，他们具备相关产品的技术标准和专业知识，可提供评估每个供应商所需的信息和业务状况。有关供应商的信息可能有不同的来源，如记分卡、数据库、风险等级确定工具、供应商自我评估等。

对于特定要素，如供应商市场中的竞争力可利用其他工具或模型进行分析，如波特五力模型等，这里不详细介绍，有兴趣的读者可以参阅互联网资料。

第三步，得出供应商分级结果。将每个供应商的利润影响和业务风险总分绘制在矩阵图上。该分级结果决定了企业可为每个供应商的发展提供的资源。

【案例】

表4-8是某制药企业采购部对其直接物料产品（供应商）进行分级时所采用的评估要素表。相较于以某种单一要素，如采购额、产品稀缺性等进行分级的方法，这些优先级矩阵根据较为重要的多项影响要素对供应商进行分级，提供了一种相对客观的评价方法。

表4-8中的评估要素可根据企业情况确定，采购额（对企业利润的影响）中的评分标准为：

（1）采购额占比。1分—尾部25%；5分—中间50%；9分—头部25%。

（2）价格波动性。1分—受限于双边协议价格波动小；5分—中间；9分—价格波动大。

（3）预期技术影响周期。1分—不相关；5分—成熟技术；9分—新兴技术。

（4）供应商研发能力/技术/专长。1分—研发能力低；5分—中等；9分—能力较强。

（5）供应商与本企业竞争对手的业务。1分—不相关；5分—非战略

表 4-8　供应商分级评定表

单位：分

要素 产品品类 （供应商 名称）	采购额（对利润的影响）						对企业业务的影响（市场获取难度）					
	采购额 占比	价格波 动性	预期技术 影响周期	供应商研 发能力 （技术、 专长）	供应商与 本企业竞 争对手的 业务	采购额 （对企业 利润的 影响）	在供应商 市场中的 竞争力	供应保障	向本企业 的转嫁 成本	技术的复 杂性	技术生命 周期	企业影响 （市场获 取难度）
DL	5	5	5	5	1	21	1	1	1	1	5	9
JY	9	5	5	5	5	29	9	5	5	5	5	29
SZ	5	1	9	5	5	25	9	5	5	5	5	29
FL	1	1	1	1	1	5	5	5	5	1	1	17
BX	1	5	1	1	1	9	1	1	1	1	1	5
TR	5	5	5	5	5	25	5	5	5	5	5	25
HQ	5	5	1	1	1	13	1	1	1	1	1	5

性；9分——程度高和/或战略性。

企业影响/市场获取难度中的评分标准为：

（1）在供应商市场中的竞争力。1分——竞争程度高；5分——中等，唯一资源；9分——市场领先者。

（2）供应保障。1分——可随意替换的产品；5分——容易获得；9分——受限或专利产品。

（3）向本企业的转嫁成本：1分——低，可获得的资源多；5分——中等，正常市场成本；9分——高，基于技术或产品影响。

（4）技术的复杂性。1分——技术复杂程度低；5分——中等，需要研发资源；9分——高，潜在的专利技术。

（5）技术生命周期。1分——即将被淘汰的技术；5分——成熟的技术；9分——新兴技术。

评分后得出的供应商分级结论，如图4-3所示。

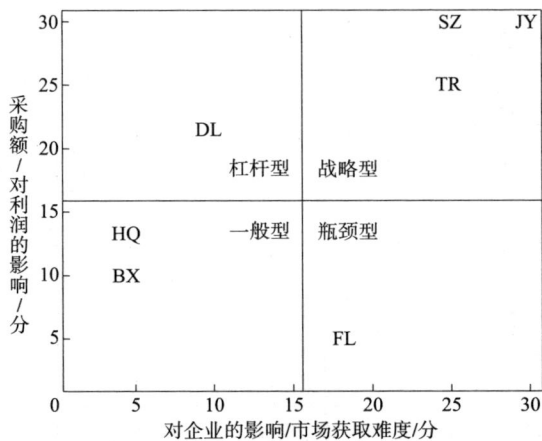

图4-3　供应商分级矩阵

卡拉杰克矩阵的工作原理是将产品/供应商对企业利润的影响映射到纵轴上，将企业的供应风险映射到横轴上。它为企业管理数量众多的供应商提供了一种组合管理方法。

卡拉杰克管理方法有其优点，也有缺点。优点是通过对供应商的智能化管理，能使企业实现利润最大化和供应风险最小化。采购管理者可以从战略角度思考与每一家供应商的关系，而不是仅仅关注与供应商做交易；采购管理者能将精力集中在利润最可观、风险最大的领域。其缺点是矩阵的两个坐标轴在定义上有些模糊。例如，企业并不完全清楚哪些因素构成供应风险。此外，如何区分两个坐标轴上的低点和高点也不容易。

三、供应商关系发展策略

采购管理者在完成供应商分级后，需要进一步详细描述每个层级供应商的风险和影响，并制订相应的管理措施和管理计划。

1. 供应商层次划分

有些企业直接以分级矩阵作为供应商层次划分制订相应管理策略，也有的企业结合多种因素对供应商进行再次分组。图4-4所示的供应商分级矩阵是在以战略型、杠杆型、一般型和瓶颈型划分的基础上做了调整。图中增加了不同深浅色代表不同层级，最深色为层次1，最浅色为层次4。

供应商分级矩阵也可以用供应商分级金字塔图显示，更为清晰，如图4-5所示。

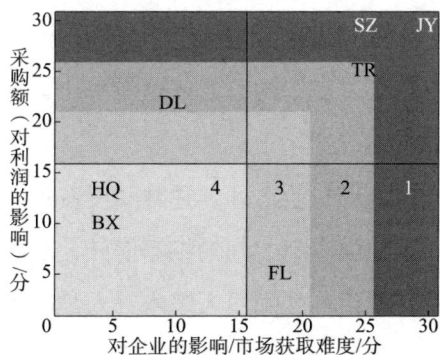

图4-4　调整后的供应商分级矩阵

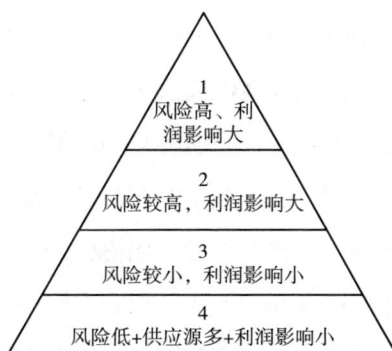

图4-5　供应商分级金字塔图

供应商层级与管理策略的基础概念：

层级1对利润影响大，风险高。与供应商的关系对企业实现长期发展与盈利起着至关重要的作用；双方关系的重点是共享企业长期发展战略和发展计划；认可双方长期、持续的合作关系；开发新产品/服务或流程时及早邀请供应商参与其中。

层级2风险较高，利润影响较大。非常核心的一部分供应商，发展长期关系。

层级3是普通的供应商，可替换的较多。

层级4是操作层面的关系，可轻易更换或取代，几乎无须进行关系管理。

采购管理者在将供应商分级之后，能清晰地了解供应商库的规模、不同象限供应商的数量。分级的主要目的是将更多的资源与精力花在管理更重要的供应商，对层级较低的供应商花费更少的资源与精力。采购管理者需要定期回顾每个层级供应商的结构与数量，并根据绩效评估、关系发展策略的结果调整供应商层次、数量与结构，以保证供应商的活力，激发竞争力。

对不同层级供应商的管理重点在于几个方面：

（1）是否共同制定企业发展战略；供应商理解企业的发展战略，甚至从供应的角度为企业发展战略提出意见和建议，更利于双方的合作共赢。在这种合作模式下，企业与供应商经过多年的努力建立差异化、全面的关系，从而能够塑造市场的生态系统。

（2）是否共享关键资源，如专利技术和专业人才、并共同投资；这种合作模式的关键是培养供应商，建立与供应商之间的相互信任，消除他们被合并的担忧。双方共同开发投资项目，共同投入技术、人才和资本，减少供应商的疑虑，同时合作能为双方带来丰厚的投资回报。

（3）双方参与关系管理的人员级别。对于战略型或其他采购额占比高的供应商，双方多个层级的人员都会参与到业务的各个方面，比如销售人员、技术人员、企业高管等。采购管理者在这类供应商的关系管理中应注意梳理各方的关系层级。一般来说，双方的关系应分为三个层级，即日常操作、关系发展以及企业高管。以某企业的仓储物流项目为例，采购方与物流公司双方负责日常出货、送货、上架、下架的人员为操作级别；负责商务合同、价格谈判、绩效管理的人员，在采购方通常是采购部负责人，而在物流公司通常是销售部负责人，这个层级的人员是关系级别，一般定期会面讨论绩效改进措施或者解决合作中出现的问题。只有在特别关键的时候，比如签约、年终回顾时双方的公司高管会出席会议以探讨双方合作的战略方向。

（4）沟通频率及方式；不同层次的供应商在制订沟通计划时频率和方式不同。层次越高的供应商，会建立每周甚至每日的通报机制。

（5）签署合同类型；层次越高的供应商一般合同签署的有效期越长，5至10年甚至更长期的合同，能给双方带来更稳定的合作，保障长期的收益和发展。

（6）是否共享绩效管理评估机制；共享绩效管理评估机制的目的是让供应商更明确企业对供应商的要求，以及评分体系，更激励供应商的积极性和主动性。

（7）负责供应商管理的采购人员的技能级别；分级越高，参与供应商管理的采购管理人员的级别也就越高。

表4-9是某企业制定的不同层级供应商的关系发展策略表。

供应商关系管理对采购人员的专业度要求更高，需要有全局观，既懂传统常规采购也懂战略采购，能熟练掌握各种分析模型和工具，利用这些工具对供应商的价值做深入的分析，同时需要持续投入大量时间。因为难度高，见效慢，在国内仅有极少数的大型企业的采购部能实现真正意义上的供应商关系发展与管理。这一领域是采购职业未来的发展方向，值得花时间好好研究。

表4-9　不同层级供应商的关系发展策略

关系要素	层级4	层级3	层级2	层级1
共同投资	无	无	部分联合产品设计及研发工作;共同拥有低价值的资产投资	共同投资建厂,建生产线;共同研发;参与对方董事会
成本信息	竞争性谈判,最低价格	竞争性谈判,提供成本明细,综合性成本最低	提供成本明细,以及上下游如原材料,运输等成本结构说明;长期总成本最佳	共同建立供应链,建立成本模型;以最终成品的市场价格为导向
合同类型	订单或一次性合同;覆盖具体产品或服务	短期合同,通用条款	中长期合同,主采购协议	长期合同,列明双方合作指导性框架
专有技术	无	必要时提供技术培训,人员指导	提供技术,人员,设备使用指导;早期参与企业产品设计	共享产品技术,质量管理文件
人员级别	操作级别人员管理日常业务	采购部负责人及销售部负责人参与关系管理	双方特定关系级别人员定期会面,企业高管每年参与业务回顾	高层管理人员之间频繁交流,指派驻场人员协助采购方的日常业务
沟通频次	仅限于重大事件或重大项目	重大事件或重大项目,至少每年回顾绩效表现	制订定期多级别沟通计划;公开且坦诚讨论合作与发展事宜	制订定期多级别沟通计划,高管参与;制定信息交流系统;多种沟通形式
共担风险	根据合同条款,接受最小的风险	接受中等风险,在合同中约定奖励与惩罚条款	接受中等风险,在合同中约定较为重大的奖励与惩罚条款	双方共同投资,采购方在合同中约定有条件为供应商提供奖励
绩效评估	针对具体产品和服务的质量,交期,服务要求;根据绩效及管理计划逐步合并	保持稳定的绩效,通过年度回顾提出改进计划,定期轮换,逐步合并	季度或半年度回顾以保持高绩效水平;将商业道德纳入评估体系	双方共同设计绩效目标,持续跟进,回顾绩效评分并为提高合同质量制订双方的行动计划

2. 供应商大会

供应商大会对于采购人员应该是一个非常激动人心的事件。在长期的合作中，采购人员与供应商有争论，有博弈，有委屈，有成就。供应商大会提供了一个机会，让双方抛开对立面，以平等的姿态坐下来审视相互的关系。供应商大会的主要目的如下所述。

（1）采购方人员与供应商人员增进了解、沟通感情；巩固与重点供应商之间的合作关系。

（2）宣讲所在行业相关政策激励、未来一年或多年的发展战略，增强重点供应商的合作信心。

（3）推广企业文化，合规政策，采购策略和供应链管理，以促进与供应商更顺利与高效地合作。

（4）提供供应商绩效总体反馈，对优秀供应商予以颁奖肯定。

在组织供应商大会中的注意事项：

（1）拟邀供应商名单。在供应商分级的基础上制定邀请名单，原则上层级1的全部供应商，层级2中的部分评分靠前的供应商，层级3中有特殊贡献的供应商代表会被邀请参与供应商大会。

（2）确定企业与供应商参与人员名单。供应商除销售经理外，需要视情况决定是否邀请质量部、财务部的代表参与。根据采购方高层管理出席人员的级别邀请对等的供应商高层管理人员。

（3）会议流程。通常半天或一天时间足够，会议流程紧凑，形式轻松，保证既能达到加强沟通的目的，又能适当放松的效果。

（4）会议场地与布置。无须过于隆重，但要体现采购方对供应商的尊重与重视。

（5）会议后续。根据供应商大会中的某些特定目的，如双方在大会中探讨了成本节省、技术创新，或者缺陷弥补手段等事宜，会后采购人员应及时跟进供应商的落实情况。

表4-10是某企业的供应商大会简单流程实例。

表4-10　供应商大会日程表

会议时间	会议时长	会议内容
9：30	30分钟	企业高管代表致辞，分享企业发展战略
10：00	30分钟	企业合规部代表致辞，合规培训
10：30	15分钟	企业质量部代表致辞，质量培训
10：45	15分钟	茶歇
11：00	15分钟	企业采购部负责人讲解采购政策与流程
11：15	30分钟	企业高管宣布优秀供应商名单，并颁发奖品
11：45	30分钟	获奖供应商代表发言
12：15	90分钟	午宴
14：00	60分钟	参观工厂
15：00	60分钟	分组讨论、自由交流
16：00	—	大会结束

思考与练习

（1）你所在的企业是否有供应商分级，每个层级的供应商有哪些相应的管理策略？

（2）你所在企业的供应商信息表、供应商评估选择表、供应商绩效评估表有哪些不同之处？在实际运用中存在哪些问题？是否有效？

（3）你所在的企业在供应商选择过程中参与人都有哪些？各方是平衡的关系还是以哪个部门为主导？

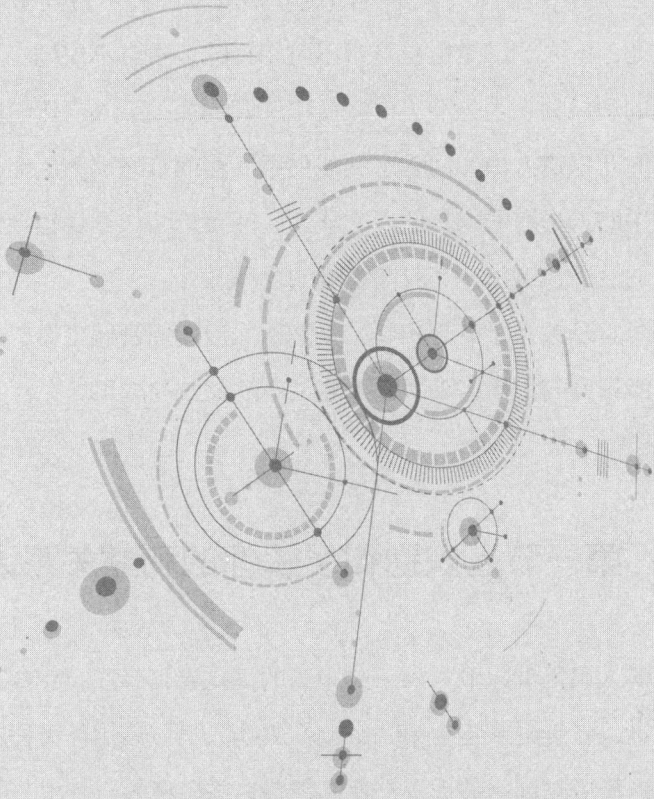

第五章

利益关系人管理

　　采购工作中涉及很多专业知识，如成本分析、合同管理等，这些虽然重要，但人的因素更是万万不可忽视的。本章不仅列出了采购部最常联系的利益关系人的特点，以及和不同利益关系人合作时应注意的事项，同时对采购人员如何制定利益关系人管理策略提出了建议。采购工作要求采购人员有影响其他人的能力，而采购工作本身也会慢慢改变采购人员的性格，这是一个双向影响的过程。

　　本章将从关系学的视角研究采购人员应如何开展工作，并从利益关系人的满意度与和谐度来衡量采购工作的绩效与成果。

第一节　识别和了解你的利益关系人

　　采购人员为谁采购？除采购申请的提交者外，还有哪些人会影响采购决策，或者受到采购决策的影响？采购人员应该用什么样的态度、方法去服务和应对利益关系人？我们带着这些思考来展开本节的内容。

一、什么是利益关系人

　　利益关系人是指无论是直接还是间接影响我们工作成效的人，或者被采购行为和决策影响到的人，我们统称为利益关系人。换句话说，上至企业股东、高管，下至基层员工，以及外部供应商、内部职能部门，每一个受采购决策影响的人都是利益关系人。但在通常意义上，利益关系人指的是向采购部提出采购申请的人。

　　心理学家阿德勒曾说过：世间一切的烦恼都来自于人际关系。研究关系学的人往往寄希望于从人际关系中获利，如销售、危机公关等，而采购人员受雇于企业，基本的职业要求是与需求部门保持独立，在供应商面前保持公正。对外代表企业的形象，并在采购活动中为企业争取利益最大化，风险最小化；对内秉公行使采购监管职权，在平衡各方利害关系的同时，保障企业生产与经营的顺利进行，因而采购圈很少有人正视和讨论关系学说。

采购人员的性格特点和为人处世的态度各有迥异。有的采购人员成天牛气哄哄，在供应商面前摆出甲方的威严，甚至于目中无人，唯我独尊，对内遗世独立一副清高的面孔；有的采购人员，性格怯懦害怕冲突，甚至连与需求部门的正常交往也害怕，只是埋头做做订单，比比价，其他一概不敢多问。稍有经验和性格成熟一些的采购人员，较为收敛和主动，知道尊重供应商，也知道不能逃避工作中的正常冲突。真正主动思考与建立和利益关系人的关系，树立目标并制定策略的采购管理人员非常少。

采购人员的工作离不开与人打交道，在现实中常常会被关系所困，甚至因此失去信心、辞去工作。既然关系如此重要，绕不开，躲不掉，那不如坐下来认真面对。

二、哪些人与采购人员利益相关

利益关系人对采购部工作的影响是巨大的，他们既可以为采购人员提供助力，以加快项目的进展，也可以对采购人员设置障碍，使项目难以推进，甚至中途夭折。识别利益关系人并在工作中尽可能使利益关系人都参与或知晓项目进展，以期得到大部分人的认可和支持是项目成功的关键。

采购人员对接的利益关系人包括了多个部门及个人，具体包括：

（1）需求部门。对于采购人员来说，最重要的利益关系人就是需求部门，因为他们是内部客户，掌握着预算。采购部一方面协助他们顺利采购到所需物品和服务，另一方面也是在监控他们花钱。采购部的工作从收到需求部门的采购需求或者采购申请单开始。当走完规定的流程，将物品交到需求部门手中，将款项支付给供应商时，采购人员的工作才算是完结。这些内部客户通常对直接采购业务来说是生产部和质量部，而对间接采购业务来说则可能是企业所有部门，如市场部、行政部、物流部、销售部、工程部等；当然生产部也需要采购生产设备和备品备件，这些是间接采购的重要品类。

（2）财务部。作为管钱的部门，财务部是重要的利益关系人之一。每年财务部负责收集与汇总各部门的预算，供应商的付款由财务部执行，采购部签署的物料成本，以及每年达成的成本节省都需要反映在财务报表中，各种费用的审批流程和额度权限也由财务部制定。采购人员与财务部打交道最多的是给供应商付款。如果企业现金流困难，财务部会要求采购人员与供应商商定更长的付款账期；如果财务部在付款方面不及时就容易影响到供需双方的关系，甚至交货的延迟。

（3）法务部。所有采购合同都需要得到法务部的审阅与批准，严谨的合同条款能防范合同风险。与法务部打交道时一定要有足够的耐心，经常一个条款需要采购部、需求部门、供应商之间的反复确认。采购人员不了解这一冗长的合同签署流程，项目周期很可能就会受到影响。资历较浅的法务部的同事在审核合同时，因为对具体业务不熟悉，会提出很多问题，更是加长了合同审批周期。

（4）合规部。不同企业对合规的要求不同，对合规的管理也有差别。有的企业在财务部设置内审岗位或者合规岗位；有的企业内审和合规部是完全独立的。合规部门的同事并不一定了解采购业务。若遇到一位不熟悉采购业务，又充满怀疑、事无巨细都要检查的合规部的同事工作起来非常费劲。不同企业合规部的同事对风险的关注也不同。有的企业更关注外部风险，这在医疗、医药企业尤为明显；有的企业更关注内部腐败风险，如一些大型的内资集团公司。

（5）高层管理者。企业的管理者往往非常重视采购工作的透明度，以及采购工作创造的经济价值。采购部负责人需要将采购部工作绩效转换成企业高管更容易理解的展现形式，无论是数据报表，还是PPT（演示文稿）。在一些给企业带来较大影响的采购项目中，采购结果需要得到高层管理者的审批。

（6）供应商。供应商也是重要的利益关系人。

（7）采购部人员的上级、同级和下属。在本章第三节将会详细讲述采购部的内部关系。什么样的领导是好领导？采购人员如何维护好与同级、上级以及下属的关系，才能在保证企业合规要求的前提下，达成最优采购绩效？这些话题同样是利益关系人管理的重要关注点。

【案例】

制造型企业中维修与作业耗材的采购是最为烦琐、复杂的，但也是最能出成效的一个采购品类。MRO项目的复杂性不仅在于产品种类多、金额小、供应商多，更重要的是涉及的业务部门多，也就是利益关系人多。

新任采购总监陈品通过数据分析，发现企业全年MRO采购额为200万元~300万元，涉及的供应商有40~50家，没有采购计划，业务部门在任何时候只要有需求就会提交采购申请。

企业的比价政策有一个门槛，2万元以上的采购申请才要求多家报价。而实际上，备品备件、消耗品往往金额较小。为了简化流程，采购申请人通常将单次采购申请的额度控制在2万元以内，以规避比价流程。造成的结果就是MRO采购完全处于灰色地带：价格多年没有监控，订单金额小，订单数目巨大，供应商绩效没有评估。

陈品计划优化MRO的采购。首先，明确哪些人是该项目的利益关系人呢？一家工厂的生产过程离不开生产设备，也离不开厂房设施。生产设备与建筑设备与厂房设施的维护与保养是MRO品类的大头，所以可以确定生产部和工程部是最直接的利益关系人。其次，原材料及成品的储存与运输涉及的周转用具等是供应链部门负责，因而供应链部门也是直接的利益关系人。再往上一级就是整个企业运营的总负责人，即生产或运营副总裁。有人可能认为副总裁这种级别是不是只会关注重大生产设备，或者重大厂房设施的采购？其实不然。MRO品类虽然单件金额小，但是年度采购总金额却不算小，一家中等规模的生产型企业一年的采购额也少说有100万元~200万元。更重要的是，其采购效率会影响到整个工厂的运营效率。

当库存不足时，急需件能否迅速到位？设备的维护保养是否及时且合格，直接影响着生产线能否保持良好的运行状态。

实际负责提出采购需求的人员定期制订采购计划的重要性不言而喻。采购申请中产品规格的准确描述不仅关系到采购部在询价比价过程中能否理解到位，快速响应，也关系到采购部在定期统计数据时的需求分析准确性，进而为制定下一年的价格谈判和供应商管理策略打下基础。

此外，如果供应商能提供订购平台，其订单系统与企业内部办公自动化系统的有效衔接成为另一关键点。为此采购部需尽早将系统管理部或者信息技术部作为利益关系人纳入项目组中。MRO优化项目的发起人是采购总监，但具体执行项目的却是采购人员。对于采购总监，即此项目的采购负责人而言，采购人员也是该项目的利益关系人之一。让采购人员清晰地理解项目目标、执行方法、具体步骤，并在过程中提供指导和支持，是项目成功的关键。

将内部人员列为利益关系人进行管理，往往是采购项目负责人容易忽视的一点。别以为领导会自然支持，下属会无条件服从并全力以赴。实际上，内部同事是否真正理解你的目标，是否接受并支持项目执行，以及他们的能力是否匹配这个项目的需求，都是采购项目负责人在执行过程中需要反复考量与调整的。

三、如何与不同性格特点的利益关系人相处

人的性格大致分为外向型和内向型两种性格。了解利益关系人是外向型性格还是内向型性格能帮助采购人员理解利益关系人的反应和行动，并与之建立更牢固的关系。内向型人的性格特点是习惯于独自思考、做事踏实、注重细节；外向型人的性格特点是习惯在交流中思考、喜欢交往、追求广度、不拘泥细节。

【案例】

采购员陈稚本身是个性格内向的人，喜欢写邮件与人沟通。市场经理黄敏却是外向型的人。经常陈稚发出邮件没多久，很快黄敏的身影就出现在采购部办公室，要当面与陈稚讨论项目。

最初陈稚很受困扰，因为他习惯于在收到并在阅读邮件的过程中慢慢思考和组织语言。面对面沟通时他反应较慢，很害怕因言辞不当得罪对方，或者被对方错误引导了项目方向。

陈稚的对策是，一方面在与黄敏对接的项目中会提前思考更多，另一方面也给自己做思想建设，不用总是害怕得罪人，也不用追求完美要求每次沟通都达到想要的效果。

最终，陈稚通过与外向型利益关系人的交往中锻炼了自己快速思考和应变能力，他的内向性特质也被中和了不少，逐渐不那么害怕主动与人面对面的交流，而是开始享受与人沟通带来的成果和乐趣。

四、利益关系人的立场与态度直接影响采购成效

与利益关系人打交道会相互间产生影响，所以积极主动地与利益关系人沟通与交流，对于采购部来说至关重要，要以对事不对人的方式去做人的工作。通常来说，利益关系人对采购部有以下几种态度：

（1）否定。采购部制定的采购流程冗长、费时，他们不理解也不认同这些流程的意义和价值。对于持否定态度的利益关系人，采购人员应利用各种机会，如非正式场合的交流，项目合作的机会，或巧妙或直接地重复说明采购部制定的流程是为了达成企业合规与内审的要求，同时虚心听取对流程改进的意见和建议。

（2）抵触。采购部不了解需求部门的业务诉求，不仅不能给企业带来价值，同时还干扰了业务部门的采购决策。应对抵触情绪的基本策略是不与之针锋相对，从而避免抵触情绪爆发。如果一个人处于情绪的狂风暴雨之中，试图征服、说服对方只会恶化关系。有些对采购部持抵触情绪的利益关系人，会在采购过程中设置障碍、故意挑刺，使采购结果变得不可控。然而，采购结果是各方利益关系人都看重的，如果项目执行失败，也是各方的失败。刻意破坏总是少数人，更多的是不愿配合却在出错时把自己的责任撇清的人。采购人员只要保持诚信，采购过程尽量透明，细节准确，保留沟通过程文件，最终利益关系人都不得不配合，以保证项目顺利终结。

采购人员的专业度能从根本上消除利益关系人的不配合和排斥。采购管理者依照品类管理策略给采购人员分配任务，每人负责特定品类，使他们在产品知识、行业背景、供应状况各方面更加精通、从而提升专业能力。

（3）信任。采购部具备寻源、谈判、供应商管理的专业能力和素养，能帮助需求部门获得更好的价格、服务等采购条件。

（4）支持。采购部能有效防范内部腐败，应给予足够的权力监管各业务部门的采购活动。使企业免遭合规的风险。对于支持和信任采购部的利益关系人，更为关注其工作中存在的难题，为用户解决问题，采购部就能持续获得理解与支持。

无论利益关系人持哪种态度，采购部都应尽最大努力把事情做好，实际达成的成果远比口头沟通更有影响力。

【案例】

背景：某设备制造企业正在扩建工厂，各部门纷纷来找采购部。采购总监陈品列出了日常工作中最常打交道的几个部门和联络人，并据此制定关系策略。

①行政部。头脑清醒、识大局，了解企业高层对合规的重视度，在所有与采购相关的业务中都积极来找采购部商量，有自己的主张，懂得判断项目的重要程度，不执着于自己的权威掌控。

②工程部。建筑施工工程涉及的项目多、材料多、工种多，并且包括很多隐蔽工程，没有多年管理经验的采购人员很难理解施工需求并判断价格的合理性。因而工程部对采购人员的贡献存质疑的态度。

③生产部。在制造型企业，生产部是企业的立身之本。作为技术大拿，生产部同事通常严谨而固执。如果采购人员完全不懂技术要求，会轻视采购部并把采购员当作订单处理员。

④物流部。积极配合执行采购流程，但在供应商选择和竞价过程中占主导地位。

陈品根据对利益关系人的性格和立场分析制定了以下的关系策略：

①行政部。与行政部积极探索新的采购方式，包括办公用品的在线订购平台等。坦诚、更频繁沟通过程和细节，从考察供应商到电子采购平台的上线过程中保持与行政部同步、流程透明，满足行

政部透彻了解项目的诉求。该项目将供应商的在线订购平台与企业审批制度结合，极大地提高了采购效率。

②工程部。采购部在引进潜在供应商时充分听取工程部的意见，并将工作重点放在供应商资质的考察和招投标流程的透明性和严谨性。在审核供应商书面资料和现场考察时，发现供应商有围标的嫌疑，向领导汇报后取消了风险供应商参与竞标的资格，责令工程部限期推荐其他合格的潜在供应商参与。

③生产部。作为企业的核心部门，一句"你们耽误了生产"这种话极具杀死力。与生产相关的供应商，无论是直接采购还是间接采购，都需要与生产部进行技术确认。最好的关系策略是秉持配合、支持的心态。生产部虽然觉得他们有能力判定供应商，实际上却既没时间，也没能力执行完整的供应商资质审核流程，更不用说价格和合同条款的谈判与签署。采购部应专注于审核流程和文件，在其间及时发现疏漏，避免企业的风险。

④物流部。加强业务知识才能真正具有话语权。运输和仓储业务并不复杂，可以通过学习和实地考察不断理解物流服务方案，通过分析成本有效评判供应商的报价是否合理，通过设定关键绩效指标评判服务是否达标。

第二节　管理利益关系人的措施与方法

对于第一节中提到的持不同立场和态度的利益关系人，采购部需要采取不同的方法。合规意识强的业务部门总体上会较为配合采购部的工作。因而采购部更多的是需要用成绩说话，引进竞争力更强，在采购方式、价格、服务各方面都能为企业带来价值的供应商，用共同的成绩推进与利益关系人的协作。

一、制定关系策略并执行到位

采购人员与所有利益关系人的沟通策略是，以企业最大利益化为终极目标，在关系处理过程中化敌为友，以专业能力说服和转变怀疑者或反对者的态度。

【案例】

　　某企业行政部最初的文具采购是通过附近的一家小供应商提供，送货及时，价格也公道。各部门的文具申请是每月月初发送邮件给行政经理卢莉，由卢莉汇总后下订单给供应商，收到货后再分配给各部门。企业规模扩大、人员增加后，卢莉找到采购部，表示目前合作的小规模供应商不能满足需要，希望能更换成更优质的供应商。采购员陈稚在日常工作中经常有供应商上门拜访与交流，对当时还算新兴的电子采购平台有一定了解，因而极力向卢莉推荐。卢莉最初不能接受，表示虽然是使用供应商的平台，但内部的审批环节、员工培训等需要花费更多的时间。于是陈稚多次邀请供应商上门沟通与演示，提出项目目标为：系统一旦搭建完成，各部门助理自行在平台上采购，预算也由各部门负责人审批和控制；月底系统生成数据报表后，卢莉能清楚了解各部门的办公用品开支。

　　在系统设计与对接，甚至是合同签署后在员工培训的过程中，陈稚都积极地参与，并耐心细致地协助解决试运行中出现的各种问题。卢莉在看到项目能带来的效率和成本节省，同时原本认为很烦琐的流程，在陈稚和供应商的共同努力下有序地推进，很快打消了疑虑，积极地安排和组织各部门助理在电子平台上采购办公用品。

二、先建立关系再推进工作

采购部与其他部门的关系，不同于其他部门同事之间的关系。很多采购人员甚至不敢真正建立与其他部门同事间的关系，担心走得太近，在合作中出现冲突时不好处理。这种担心也不完全多余，因为当采购人员不知道如何评判关系的远近，不知道如何建立平衡工作关系时，确实会给工作增加难度，或者说会增加采购人员的心理负担。

所谓建立关系，首先是正常的来往，坦诚是最好的通行证。同时要了解对方处于组织架构中的哪条汇报线，其上级及下属都是谁。了解他们的工作职责、对企业发展的影响，以及要实现的关键绩效指标是什么。在了解他们的过程中向他们介绍采购部的工作流程和要实现的目标。

很多采购人员认为现代化的采购发展到现今，采购的职能和目标已经是为大家所熟知的。其实不然，对采购部的片面理解是常态，而且即使是采购从业者，对采购职能与目标的理解也不够深入。

三、与需求部门沟通时的常规话题清单

采购人特别是采购部总监在初次约见某关键的利益关系人时，可以准备以下问题：

（1）介绍自己。例如，介绍自己的从业背景，如果自己的从业背景与对方的背景相似，一般会愿意展开话题，多聊几句同行业的新闻和趣事。轻松的话题可以有助于拉近距离，让对方放下戒心。

（2）了解对方。例如，了解对方的工作范围与职责，每年的大致预算，与采购部过往的合作，以及有哪些需要采购部提升与改进的地方。

（3）介绍采购部。例如，介绍采购部的流程、工作方法及目标，以及希望对方配合和支持之处。特别是有特定项目正在进行中时，可以围绕项目展开简要讨论，加深理解。

（4）表达关注。例如，根据对方的年龄、言谈、着装等观察对方的个人特点，随意带一两句：这件衣服的颜色很适合你之类的生活化交谈，更能拉近彼此间的距离。工作中的人不是机器，除了冷冰冰的工作关系，我们也是活生生的人，表达有人性温暖的关怀，会给工作增加一些人性的温暖。

四、根据不同项目目标制订沟通计划

在某个具体采购项目执行期间，采购人员应根据不同的项目目标制订沟通计划，要点如下：

（1）沟通计划应与项目计划同步。项目起始时双方就项目目标、周期进度、沟通频率、工作方法等达成一定的共识。根据原定的沟通频次，在每个项目节点正式沟通时，避免项目中途出现偏差。

（2）求同存异化解分歧。采购部和需求部门之间对采购结果存在差异的话题，其经典程度不亚于婆媳关系。每个项目都需要有严谨的评标要素，需求部门通常以技术不符合要求否定采购部推荐的供应商，而采购部通常以价格优势来否定需求部门推荐的供应商。不和自己较劲，不和对方较劲，放下个人企图，结局自有公论。

（3）规避矛盾的沟通方法。召开评标会了解各方的差异，询问原因，必要时找供应商进一步澄清技术细节与价格明细。在保证价格合理、技术达标的情况下，结合各方评分，分析成本与技术差异，提交上一级领导评判。很多采购人员不敢和需求部门面对面讨论分歧害怕扯皮，其实害怕是没有用的，只有面对面沟通，才能知道对方的理由是什么。如果某一方坚持用价格更高的方案，就必须由他们承担合规的风险和成本上涨的质疑。

同没有具体项目的利益关系人，通常是部门领导如何制订沟通计划？首先，确定沟通目标。采购部和其他同级部门的领导需要不断增进了解，巩固关系，获得支持。有了高层领导的认同和支持，具体的项目负责人自然不敢公然与采购部对抗。有了目标，沟通频次可以是每月或每季度，需要根据不同领导的特点来决定。同时，高层领导也希望借采购部之力整顿部门内部的不规范行为。这是双赢的局面。

【案例】

生产部副总裁李数是位"资深技术大拿"，年近退休年龄仍然精神矍铄，做事有条有理、温厚中带着威严。采购总监陈品第一次与李数沟通时发现对方很健谈，不仅分享了很多企业的历史渊源，对于企业现状也有坦诚的点评，最后还不忘加上一句：我都快六十岁了，我非常看好你们年轻人的贡献，企业将来是你们的。

陈品非常喜欢这样的沟通氛围，在其他很多部门领导都保持着天然的戒备时，有一个重要部门的负责人会以和善和坦诚开始，这是真正的先建立关系，再谈工作合作的良好开端。陈品也很乐意分享自己过往的工作经历，以及对采购管理上的一些认知和理念，甚至也分享了少许个人喜好等。

双方也约定以后每隔一两月都见面交流一次。每次既有一些重点项目的交流，也有生活的分享。一种关系，既不远也不近，既近也远。能在关系上多一分温暖，对工作也能有推进作用，就能称得上是有益的关系。

五、其他关系的改善方法

很多企业的团建会分部门进行，但同时鼓励可以两个部门联合起来举办；这其实也是创造机会让不同部门的同事相互了解。采购部应利用这样的机会与常打交道的部门联谊。采购人员还可以利用非正式的午餐宴请表达善意，积极参与企业的健身活动展现自己的个性，用体育促进理解、达成合作。

关系的建立和维护是长期的工作，只有经得起考验的关系才是最有利于采购人的职业成长，也是有利于企业业务增长的良性循环。

第三节　采购团队的关系管理

刚进入采购职业时，老板经常说一句话：采购是自上而下的工作。什么意思呢？一名销售员可以不用听从上级领导的指示，只要完成销售量就能成为企业的明星人物。但采购员不行，领导关注什么，采购员就需要以此为方向发力重点攻坚。如果上级领导关注供应商的稳定，你偏要为了成本节省换掉企业合作多年的老供应商，领导怎么想？如果上级领导关注创新，采购员就需要利用其较强的专业能力，在市场上挖掘新的供应商、新的采购形式。一味守旧会被认为有异心和个人企图，因而选择信任你、鼓励你、认可你和接受你采购理念的上级领导是采购职业生涯成功的第一步。

一、了解领导者风格

什么样的领导是好领导？好领导千人千面，但他们有一个共同点，一定是在对你进行多重考察后，才信任你，愿意全力支持你职业成长的人，也是对你职业成长起到极为重要作用的人。

1. 家长型领导

家长型领导一般指年长我们很多的领导。他们专业性强、包容心强，既像老师一样指导你，也像家长一样给予生活上的关心。换一种说法，他们是以人为导向的领导者。

他们喜欢频出"金句"，如"采购是自上而下的工作""耽迟不耽错""采购常伴责任行"。俗语、歇后语他们随口就来，而且不怎么解释。因为年龄差距较大，有些道理光凭口头解释也很难让年轻人理解，而这些金句、俗语、歇后语植入在你的脑海中，在将来的某一天会让你恍然大悟，最终证明这些专业的指引是宝贵财富，而那些生活中的闲聊，某种程度上影响了我们品格的形成。

他们既愿意又敢于放手让员工去锻炼和成长，在员工出现错误时敢于替员工担责。这种宽容和心胸，沉稳和大气，年轻、资历浅的经理人一般做不到。自己都还害怕被上级批，又怎么可能去替下属担责呢。比自己年长很多的领导还有一个好处就是，即使是你生活中的问题，他也能适时地指点。如果年龄相差不大，是不敢轻易透露个人生活的，因为谁也不知道某些个人生活状态会不会成为某一天被攻击的把柄。

2. 社交型领导

社交型领导一般较为年轻，有新思想、有热情。他们对专业或者不够资深，但优势是擅长人际关系，对内畅想蓝图，给员工打鸡血；对外连接各部门负责人，了解企业动向和企业发展战略。他们的口头禅是，我招员工是替我解决问题的，所以永远"带着解决方案来找我谈话，而不是带着问题来找我。我就是那个在你胆小时把你踢出去，在你跑得太远时把你拽回来的人"。

他们不喜欢参与具体的采购业务，只听关键的过程控制及项目结果。他们给予员工资源，以及与外部交流的机会，如去总部开会、培训、与集团其他兄弟企业的交流、专业论坛展销会等都会派你参加。职场间的交流能扩展人的视野和人际交往范围。见识多了，处事自然会更加稳重。经常跟大人物打交道会提升一个人的自信，同时从大人物身上你能学会从不同视角看待问题。另外，因为他们通常不精通业务，就能逼着员工在专业上获得快速成长。

总体上来说，社交型领导也是以人为导向的领导者。

3. 权威型领导

权威型领导换一种说法是以任务为导向的领导。他们关注的是任务是否能按时按质完成，团队绩效是否能达成。他们擅长制定严谨的工作流程、严谨的绩效追踪表格。在专业上既有深厚的理论基础，也有丰富的实战经验。因为追求业绩和任务，他们往往容易忽略人性的因素。同样的表格和流程在不同人身上获得的效果是完全不一样的。积极主动的员工，在遵守流程的基础上能发挥创新意识，超额完成任务。主动性差的员工，催一下动一下，而且总能找出更多的理由来敷衍任务的执行，倒逼着领导制定更完善的追踪表格、绩效考核来督促员工完成任务。

好的领导与员工关系需要建立在信任、认可的基础上，在采购职业中尤其如此。没有绝对的好领导，只有在正确选择下不断适应和调整的员工。如果你刚晋升为领导职位，在培养自己领导力的同时，有意识地塑造自己独特的领导风格，用专业能力、管理能力和人格魅力三把斧头带领团队披荆斩棘。

二、如何维护与上级领导的关系

采购工作容易被人说是非，动辄得咎。因此，及时到位与上级领导沟通，能避免危机和风险。采购人员和上级领导沟通时需要注意以下几点：

（1）了解领导的风格。有的领导性格粗放，喜欢抓大放小；有的领导对细节和过程很关注。对粗放型领导要学会精炼总结各项工作的结果，节省领导的时间；对细致型领导要详细讲述工作过程以及遇到的困难，以满足领导的细节控以及好为人师的特性。

（2）了解领导关注的重点。每个人都需要向自己的上一级领导汇报。领导的领导关注哪些，领导需要哪些信息向上汇报，是采购人员要提前用心准备的。这些可以从和其他部门日常交谈、会议，或者是采购流程审批的过程中能观察到。例如，有其他部门的同事经常抱怨采购部处理采购申请的效率较慢，采购部负责人很敏感地意识到这一点，因而他提前准备了与采购业务处理时效相关的数据。果不其然，某一次采购部负责人向其上级领导汇报过程中，领导表示总经理对采购效率很关注。采购部负责人即刻展示其准备好的数据，及时应对了领导的疑问。

（3）诚实谨慎地分享坏消息。工作中出现任何异常情况，特别是有可能带来负面影响，或者延误工作进展的事件，一定要提前向领导汇报事情原因并探讨解决方案。但一定要仔细思考如何说，表述时不过分指责具体人的责任，毕竟事件还在待解决的状态。在分享坏消息的同时应提出可以采取的改善措施，从而将负面影响控制到最低。隐藏或者扭曲重要的事实，只会导致上级领导对你的不信任。

【案例】

采购员陈稚刚入职时就遭遇一笔订单交货被延迟了数周的情况。由于突发不可抗力，该批物品突然变得非常抢手，只要生产出一批该产品，立刻就被客户抢光。尽管陈稚和生产部的同事与销售人员努力交涉了近一个月，仍然没有拿到货，眼看就要影响生产造成停工，才不得不向采购总监陈品汇报。

陈品第一时间向生产副总裁李数反映此事，同时计划亲自拜访供应商销售人员及其领导，当面协商解决问题。如果谈判不成功，希望借用两方高管之间的关系和渠道找到应急解决方案。由于平时良好关系的积累，李数很支持陈品的工作，表示有政府关系可以出面解决，但希望尽量不动用政府关系。陈品最终通过谈判解决了交货延迟问题，展现了自己的谈判实力。

这种向上汇报，同时备有解决措施的做事方法，既能展现采购部的成绩，又能获得企业高管的信任。反过来，采购员陈稚没有在第一时间汇报，直到最后才告知采购总监陈品，留给陈品解决问题的时间非常短，这种做法就需要改善。

三、如何与下属沟通维护团队关系

由于采购工作的敏感性，采购管理者与下属沟通必须非常有效，避免因为信息传达不到位而最终给企业带来外在风险。

1. 明确任务和目标

安排任务时一定要讲明、讲透为什么要布置这个任务，以及要实现的目标是什么？在现实情况中，团队成员来自于不同的背景，领导也有可能是空降的，团队间往往缺乏足够的信任，因而采购管理者需要特别关注讲明任务的目的和要求。

【案例】

采购部总监陈品在梳理施工工程类项目时发现，企业只有两家供应商在合作，而且这两家供应商实力悬殊且价格差异大。大供应商不屑于参与小项目，小供应商又没能力参与大项目。在需要比价时，两家供应商互相陪衬，实际上大部分项目都没有实质性的竞争，这对企业合规要求和成本控制是较大的风险点。

陈品带领负责该品类的采购经理汤慧召集工程部开会，大家达成一致意见，希望最终确定三家供应商入围，或至少引进一家中型新供应商，既能承接大项目，也愿意承接小活，在各种业务上都能与原有的某一家供应商进行实质性的竞价。

项目启动后汤慧迟迟不行动，在多次催促后才慢吞吞地说，施工工程的供应商都是生产副总裁李数引进的，更换供应商恐怕会得罪李数。

陈品不得不再一次解释了开展此项目的目的，采购部需要对风险和成本进行控制。现有两家供应商之间缺乏实质性竞争，这是非常严重的违规行为。李数是否有控制供应商谋取私利没有证明就不能无故造谣生事，更不能因为害怕得罪利益关系人就可以不作为。另外，没有实质性的竞争，采购部在成本控制上也是完全失败的，采购部的绩效和工作能力也会受到质疑。至此，汤慧才总算明白过来，引进新供应商是为了满足合规的要求，这是采购部应遵守的最基本原则。

2. 利用个人分享帮助员工成长

采购业务中的专业理论用言语来讲述并不容易讲清楚，何况采购总监也不是老师。利用过往成功或失败的案例，以及分享个人成长经历比起直白的讲解，更能帮助员工明白复杂的理论，鼓舞他们的行动，让他们有更清晰的目标。

很多部门领导非常关注每周的例会，却容易忽略一对一谈话。实际上，因为个性不同，总会有些人在会议中较为沉默，而另一些人较为活跃。即使是每个人都发言，也有人短短几句就结束，有的人则喜欢事无巨细地汇报。部门领导在一对一谈话时，可以根据每个人的特点，引导他们说出困难和展现成绩，了解他们的长处和不足，有效指导他们实现个人的业绩目标，获得职业成长。

第四节　采购与企业不同职能部门的协同

在企业内部，采购部需明确如何与最为重要的三个利益关系部门（即供应链管理部门、财务部门和合规部门）建立协同工作的关系。

一、采购与供应链管理部门的关系模式

完整的供应链是指一个组织内由不同职能组成的供应网络，它始于战略计划的制订，终于产品或服务的交付。其职能包括需求计划、物料采购与供应管理、仓储与库存管理、生产与组装、运输与配送、产品交付与客户服务等职能。

采购部的组织结构在不同企业可能有所不同，这一点在第一章第三节中有详细讲述。在一些企业中，采购职能，特别是直接采购或生产型

采购隶属于供应链部门，而在另一些企业，采购是独立的部门，直接向企业总经理或CEO汇报。采购是独立职能部门时，供应链部门的职责通常包含需求计划、仓储运输和库存管理等业务。

当采购部设立在供应链部门之下时，采购与计划、仓储、库存职能之间的联系、沟通和协作机会更多，相互之间的协同也会更高效。而独立的采购部，和供应链其他职能属于不同的部门，相互之间的沟通与交流大大减少，各自不了解其他部门的关键绩效指标、工作流程、方法等。很多采购人员对其他职能，特别是计划和库存、客户服务等知之甚少，甚至根本不知道为什么要了解这些，也不知道与供应链其他职能之间建立高效协同的重要性。

如果在生产产品之前不先计划好需要多少产品库存及何时需要，就会造成生产过剩或者产品短缺。同样，若不做需求计划就向供应商采购货物和材料，会造成生产物料短缺或者仓储成本上涨。如果整个供应链条上各个职能部门之间没有有效的链接，企业的物料采购、产品生产与产品供应将是一片混乱。由此可见，如果采购人员能理解其他部门的职能范围，并与其建立协同关系，能从根本上提升企业供应链的竞争力。具体地说，采购人员需要了解需求计划、仓储管理、库存管理、生产管理和运输管理等的基本概念。

1. 需求计划

需求预测是对企业未来需求的预估，是制订需求计划的基础。通常情况下，销售预测做的预估是客户未来一段时间内（通常为一年）将购买的产品种类和数量。而需求计划则需要制定库存和资源计划以支持和满足销售预测，也就是供应这些产品需要的库存，以及生产成品需要的原材料和其他设备和服务的计划。

需求计划是采购的驱动力和信号，采购职能根据需求计划才能有序地安排采购货物和原料，确保企业能够及时接收货物并保证恰当的库存水平。采购人员根据销售预测、需求计划、库存水平等数据，可以据此预测本年度采购量，作为与供应商谈价和谈判节省计划时的一项重要筹码。

需求计划试图在保证必要的供应要素与满足预期的客户需求之间实现平衡。这种平衡既能确保最佳的库存水平以满足生产的需要，同时又要确保库存量不会太高。过高的库存不仅占用成本，而且还存在着产品效期过期的风险。

【案例】

采购经理汤慧在与供应链管理的同事沟通时得知，2023年企业产品的销售量较2022年翻倍增长，而2024年的销量预测要比2023年增长近80%。听到此消息，汤慧心里一阵窃喜，他正为公司下达的年度降本计划指标发愁呢。

一边是公司下达的降本指标，一边是供应商哭诉原材料成本及人工成本增长。销售量的增长让汤慧看到了希望，这意味着公司从供应商采购的物料数量也会成比例增长。他立刻调出了几家重点供应商近三年的采购量变化及价格变化的历史数据，试图从中找出关联，并以此作为谈判筹码。让他失望的是，虽然企业产品2023年的销售量比2022年增长了近一倍，但采购部与这几家重点供应商下达的订单采购量却基本持平，只有小幅度的增长。他询问供应链部门的同事后得知，因为2022年的库存水平很高，导致了2023年采购量并没有增长。至于为什么2022年有这么高的库存水平，除了2021年新冠疫情带来的供货风险和不确定性外，还包括企业战略层面上的一些因素考量。

2024年的采购计划是多少呢？同供应链管理的同事进一步探讨后得知，企业管理层要求进一步降低库存水平。虽然2023年已经消耗掉了一部分2022年的高库存，但2024年的采购量仍然不会有较大幅度的增长。汤慧第一次知道原来销售预测、库存水平对采购计划、采购量有这么大的影响，他查看了以往的采购价格，发现近三年的价格完全没有降过价时心里就有底了。虽然单个年度的采购量增长不明显，但三年的总体涨幅还是很可观的，更重要的是产品销售量的连年增长，对于供应商是一个绝好的消息，更能刺激他们与企业长期合作的信心和热情。

2. 仓储管理

仓储人员的主要工作是接收供应商送达的货物和材料，他们负责卸车（某些情况下采购方会要求供应商负责卸车）、检查物料以确保没有产品缺陷或运输造成的产品损坏，并将物料（接收后即正式成为原材料库存）搬运到储存地点。一旦收到指令需要启用库存物料时，仓储人员就会检索或提取存货，并将其运送到预定目的地，如生产车间。

有些企业因为库房的硬软条件限制，仓储部门会提出额外要求，如因为库房操作人员较少，会要求供应商负责卸货（在送货时自行租赁叉车和雇用操作人员），以及因为库房面积小，会要求供应商发货前提前通知避免物料接收进来无处存放。采购人员与库房人员保持良好沟通以便及时与供应商保持同步。

3. 库存管理

库存管理是控制和管理货物、材料和产品的过程，以最大限度地提高效率和盈利能力。库存管理水平的高低决定着在为客户生产产品和提供服务时如何更有效地利用企业资源。不少企业将持续降低库存水平作为战略目标，以此降低运营成本和提高竞争力，因为库存成本通常是企业最大的成本要素之一。

4. 生产管理

生产部门将企业采购的原材料和其他物品转化为可交付给客户的最终产品。生产部门依赖于需求计划来安排生产与组装工作，依赖于采购部获得购买所需原材料和物品，依赖于仓库来交付成品，依赖于库存管理以确保在正确的时间为客户提供正确的产品。

5. 运输管理

运输业务的职能是确保物料从供应链中的原产地流向使用地点和消费地点。运输业务的三个主要组成部分是进货物流、出货物流和逆向物流。进货物流是指从供应商处采购材料和货物并运送到采购方的过程；出货物流是指将材料和货物配送到客户所在地的过程；逆向物流是指产品从客户处退货、产品回收、材料再利用和废物处理的流转过程。

运输管理的重点是不同组织之间材料和产品的及时运送。为了控制成本，货物须在准确的时间内从正确的起点运往正确的终点，同时确保产品、数量和质量的准确。满足上述要求就能减少库存水平，从而降低成本。

除上述基本供应链职能外，采购人员还需要了解供应链管理的常规绩效目标。

（1）OTIF①。采购部在考核供应商交付情况时应与供应链管理的指标尽可能达成一致或至少不相互冲突。

---

① OTIF: on time in full的缩写，通常指准时足量交付率。

【案例】

因上一年发生了几起到货延迟的情况，采购总监陈品要求采购人员每月监控供应商的交付绩效指标。但在如何设定具体交付率时陈品犯愁了，于是他决定听取供应链总监刘智的意见。刘智制定的本年度OTIF目标是98%，且交付日期前后两天内到货算合格，规定交付数量上下浮动10%算合格。

陈品从采购部的统计数据中发现了一个小细节，采购部通常是从企业管理软件SAP系统中导出当月到货订单列表，系统设计将实际到货日期减去计划到货日期，得出差异日期，衡量及时交付率是否在允许的两天范围内，是以日历日为基准，而供应链部门以工作日为基准，由计划员手动调整日期来计算及时交付率。了解到基准不同后，采购部与SAP系统管理员调整了报表的计算公式，保证两个部门都能得到更准确一致的数值。

（2）供应商产品质量投诉率。降本是考核采购部的重要指标，而启用价格更便宜的新供应商、压榨老供应商是很多采购人员能想到的最为省心的办法。低价是需要付出一定代价的，如产品质量不稳定、供应商管理不严谨、服务不到位、造成返工返修和增加维护成本等。因而采购部在降本时需要考虑质量投诉率、返工返修率、设备维护成本等因素，只有综合计算后的总成本最低才是真正的降本。

二、采购与财务部门的关系模式

采购部对企业的采购行为或花钱负责，而财务部对企业所有的支出费用负责。通俗地解释，采购部通过制定采购流程来规范企业各部门的采购行为，从而最终达到控制费用支出的目的。采购部和财务部是最应该达成一致，站在同一战壕的战友。

1. 节省采购成本

众所周知，采购部绩效目标中最重要的一项就是成本节省了。每年采购部在完成日常工作任务后，都要花不少时间来统计和计算成本节省率。在很多企业中，采购部和财务部互不交流，采购部自行设立成本节省指标与衡量方式，然而财务部却不认可采购部得出的节省数据，认为不能反映在财务指标上的成本节省就不是真正的节省。采购部衡量与计算成本节省的方式方法详见第六章第二节。

2. 提供制定预算支持

每年年底是各企业制定预算的时期，采购部需要为各部门制定预算提供支持，因而在这一时间段尤其忙碌。经验丰富的采购部能为各部门在固定资产价格及运营费用预测上提供协助。

财务部制定生产预算需要相当准确的生产成本预测，其中原材料成本占大头。这时采购部门需要了解销售预测和库存水平，以此推测下一年的采购量，同时了解市场上影响供应商成本变化核心要素的波动情况，据此制定降本目标，并将目标价格提供给财务部作为预算制定依据。

各部门固定资产及日常运营的费用预算的制定一般采用两种方法：一是在上一年采购价格的基础上预估本年度采购费用的支出情况；二是对新产品的采购，从市场上询价以及多家供应商的报价中结合当下趋势估算一个合理的采购成本。

3. 协同制定目标

采购部和财务部应在供应商付款条件和账期上协同制定目标。企业的应付账款相当于企业的小型融资工具，应付账期的延长能提高企业现金流水平，加快现金周转率，更有利于企业的资金健康。

【案例】

采购员陈稚新加入一家企业，在与供应商商谈合同条件时，将账期作为谈判目标之一，成功地与供应商谈成了90天的账期，非常有成就感，但在请款时却发现财务部并没有支付账期管理。意味着这一功劳既不被财务部认可，陈稚还要手动记录付款日期，并设置提醒在应付日期前再提交付款材料。出现这一别扭状况，原因在于陈稚没有了解财务部的工作状况，两个部门没有在如何协作上达成一致。如果财务系统中没有账期管理或者不支持账期管理，陈稚可以用企业的及时付款（支付账期短）作为条件来要求供应商在价格上做出更大让步。

另一家企业，由于市场环境不景气，企业现金流紧张，财务总监邬强要求采购部与所有供应商洽谈付款周期，将原来30天账期谈到90天。而在这之前，邬强已经要求采购部与所有供应商谈过一轮价格，要求所有供应商与企业共渡难关；而这一次要求延长付款账期无疑会伤害与合作多年的老供应商的关系，因而被采购总监陈品断然拒绝。

4. 协同审阅供应商的年度财务报表

在重大项目的招投标上，或者在重要供应商的引进时，采购部可以请财务部同事协助审阅供应商的年度财务报表（资产负债表、现金流量表、利润表等），了解供应商的资金状况和财务实力从而对供应商的财务健康状况和相应的财务风险进行评估和判断。

从财务报表中的如下方面来评判一家供应商的财务健康状况：

（1）利润表是否在合理的范围内。对比今年收入与去年收入的增长是否在合理的范围内。如果有异常性的增长或减少，需要及时了解原因（有些供应商会为了满足年营业额的基本资质要求在财务数据上作假）；如果收入降幅较大，需要了解是企业转型的正常过渡期，还是因为人员变动或者产品质量下降等原因造成的经营风险。

（2）长期投资是否正常。有些企业在主业之外会有其他投资，如果投资项目与主业无关联，且非常分散，这些项目就有可能是企业经营的风险点。

（3）应收账款是否正常。如果应收账款过大且长期挂账。这看似是回款比例低，实则异常高的应收款长期挂账反映出该企业有虚开发票的风险。

（4）净现金流是否正常。净现金流量是同年现金流入量与现金流出量之差，反映了企业本期内净增加或净减少的现金及现金等价物数额。现金净流量可以分为经营活动现金净流量、投资活动现金净流量和筹资活动现金净流量。这个指标对于企业而言如同血液一样，如果持续都是正值，表示这个企业非常不错；反之，如果长期为负值，那问题就严重了。

5. 采购政策和流程的制定

采购政策和流程需要得到财务部的审批。特别是请购单、采购订单、付款申请的授权额度级别，通常由财务总监、采购总监和各部门总监商议后提出方案，经CEO批准后生效。

企业财务管理中与采购相关的一些政策通常有：

（1）三单匹配原则。三单匹配原则也有四单匹配一说，即请购单、订单、收货单、发票，这四个单证上的有关产品描述、单价、数量和总金额，在允许容差范围内须是完全一致的。财务部在收到付款申请时会检查四张单证，如果不匹配，财务部会拒绝支付款项。

（2）财务授权制度。它是指企业财务审批职权的授予，按照不同财务支出类型，财务支出金额大小，分级分类审批的制度。采购人员在接到采购申请单时需要检查品项规格、预算、成本中心、账款代码、预期交货期等信息填写完整，同时采购申请单已经获得了相应财务付款政策规定级别的审批同意。

三、采购与合规部门的关系模式

企业通过制定道德管理规范和设立企业合规部对员工进行培训，使员工了解企业对合规行为的要求，约束员工在工作场所的道德行为。采购人员需要了解一些通行的防腐败法则，如反商业贿赂法规，禁止向商业机构的员工和代表提议或提供任何个人利益，以影响其履行职责或诱使其服务于利益而非其雇主；反海外腐败法，禁止直接或间接向政府官员提供任何有价值物以获取或保留业务或优惠待遇。

企业独立的合规部门通常来自于法律专业或者财务专业背景，往往对采购专业的了解不太多，有些资历不深的合规管理人员甚至对采购部门存在固有的偏见。实际上，采购的腐败往往不是指采购人员的腐败，而是涉及整个采购过程各个环节中的当事人都有发生腐败行为的可能。制定严谨的采购流程和完善的采购战略，以及在这些流程和战略支持下，各环节当事人之间的相互制约，是防范腐败行为的一道道有效屏障。

合规部门既要从法律、商誉角度控制由不合规采购行为带来的风险，也要监控采购流程的各项执行细节是否到位，从而避免企业遭受由于采购行为的不合规而带来的经济损失。合规人员的定论可能直接关系到采购人员的职场生存，以及企业对采购行为风险的判断，所以采购人员需要加倍重视与他们的沟通。只有了解合规部门的工作任务和目标，采购人员才能以平稳的心态接受监控。有时候一些完全不懂采购业务、资历较浅的监控人员，会以高高在上的态度对采购人员的工作横加指责和挑刺，这会给采购人员带来相当的不适，甚至是愤怒。此时千万不能硬碰硬，硬碰硬只会激化矛盾。采购人员需要耐心地用简单易懂的语言解释采购项目的过程、控制措施以及要达成的目标。

采购部与合规部门增进了解需要做好以下三个方面：

（1）多沟通。采购部定期与合规部门沟通采购流程的更新、准备好文档备查。

（2）多了解。邀请合规部门同事预先介入采购业务，如重点供应商考核时要求他们派代表参加，从合规的角度给予项目评分，也可以邀请合规部门的同事在供应商大会上给供应商讲解企业合规要求等，以增加彼此间的合作。

（3）多互动。在一些企业联谊活动中，主动积极与合规部门互动，把彼此当作熟人，在闲聊时分享衣食住行、兴趣爱好，会更有利于大家不抱偏见和成见地处理工作。

第五节　采购如何塑造和磨砺职业性格

采购工作不仅是一项职业活动，更是一个促进个人职业性格成长和发展的重要平台。

一、采购职能与采购从业者的秉性

采购工作，特别是间接采购（非生产型采购）工作，通常在企业组织架构中被界定为职能支持部门。这给人一种错觉，好像采购工作只具有支持、管控职能，其实采购也带有业务性质。也就是能为企业带来利润、创造收益。那么，采购人员究竟具有哪些特性呢？我们可以从采购工作不同的职能角度来分析一下。

1. 服务职能

企业采购部的支持职能是以服务企业其他部门为主，如同财务部管理企业的往来账目，人事部管理企业员工的进出和晋升，采购部作为职能部门管理着整个企业的采购行为，包括生产主业的原材料采购，以及与主营业务的生产无关的，仅是企业运营所产生的费用的买入行为。无论是生产所用的原材料采购，还是非生产型的部门开销的采购，真正付款用的都是各部门的预算和费用，不是采购部的预算。也就是说，采购是在替其他部门购入所需物品和服务。作为支持方，采购部应保持谦虚的心态，保持学习的积极性，尽力为需求部门以合适的价格采购到合适的产品，并保证产品按期按质到货。

2. 监控职能

与支持职能对等的是采购部的监控职能。社会上一提到采购总免不了和腐败联系在一起。实际上采购整个环节都存在着腐败的风险，从需求部门、采购部门、技术部门，甚至管理层都可能有自己的偏私，但外界往往片面地认为采购腐败指的就是采购部的腐败，其实这是一个很大的误区。

越来越多的企业之所以推行采购集中化，将采购行为集中到采购部管理，实际上是赋予了采购部监控职能，也就是建立了由采购部主导和监控的完整采购流程，由参与采购环节的其他部门反向监督采购部的一个相互监管的机制，最终达成采购过程的透明化和公平化，从而实现企业利益最大化。作为监控和反向被监控的部门，采购部需要既坚定、严谨地执行流程、坚持原则，同时不能忘记采购的服务职能，不能高高在上，而是对内细致地完成采购任务，对外平等对待供应商。

3. 业务属性

采购部具有业务属性，或者说是半个商人。从商需要懂得什么？人际交往心理学、信息收集能力、谈判能力、成本分析能力；对买卖双方的实力、达成合作急迫度的判断、迂回让步、协商协调的能力。商人还有最重要的一点就是敏锐。对市场动态高度敏感，提前做出应对措施。在谈判过程中从供应商的表情、言谈和举止中提取信息点，迅速做出反应。

【案例】

假设，因一些不可控因素，导致港口拥堵、空箱短缺、运价飞涨。港口拥堵意味着船舶运输不准时，国际供应链中的每个交接环节都有可能出现延误。采购部在了解到航运局势后，应迅速梳理本年已下达但尚未交货的进口材料的订单，第一时间打电话与该进口物料的国内代理商确认交货期是否可以保证。在得到代理商在国内还有库存并保证能供应的情况下，为确保不被其他客户抢走，安排采购人员亲自到达供方仓库察看库存和为我方备货的进度。

二、采购人员是否需强势

采购人员是否需要表现得强势，这要和身份、年龄、资历、职位高低相匹配。大部分资深人士为什么给人威严、气场强大的印象？一是年长后岁月给面部留下的沟壑让人不怒自威；二是如果年长者过于谦和，会让一些德行较浅的人心生不屑，觉得这人容易对付，反而制造一些难题。强大的气势在一定程度上有助于谈判的胜利。年轻的采购人员大可不必为了显得威严而把自己弄得很沧桑。无论从采购的哪种职能来看，强势都不是采购人员必备的特质。温和、理性、有力量，才是对采购人员性格特点最好的诠释。

采购人员可通过提升自我形象来展现强大的职业气场：

（1）眼神平稳。眼神飘忽不定或五官总是挤在一起会给人愁闷阴郁的感觉。平视对方，目光不躲闪可避免太过犀利，给人诚恳中透露出坚定的感觉。

（2）从容自信。说话时肢体动作多往往是对自己想表达的内容不够自信。适当利用肢体语言，有力度地握手，身体坦然斜靠在椅背上，都能显示自己的信心。

（3）举止得体。人紧张时身体就会略微卷曲和僵硬，手脚的位置外人看着也能感觉到不自然。

（4）言简意赅。谈工作时不说废话、模棱两可的话。在会面之前做好准备，对谈话内容设计简要的提纲和演练，讲究效率。在工作之外闲聊时，不聊八卦或瞎感叹。

（5）把控局面。发生任何事第一时间都要找出问题的根源，以及可能的对策，把损失降到最低，最大限度地改善现状。哀叹和责备不能解决问题，只能拖延和恶化。

三、如何塑造采购人员的职业性格

有不少采购新人会问：性格内向是否适合做采购？领导觉得我太温柔，在供应商面前没有气场该怎么办？在他们的想象中，采购人员都是伶牙俐齿的，在与供应商销售人员唇枪舌剑进行谈判时面不改色，在与内部人员斗智斗勇做决策时也毫不退却。这听起来简直不是普通人能驾驭的。确实，在采购岗位上不堪重负，选择离开的人不在少数。有生性爱自由的，不愿受早九晚五的束缚而选择转行销售或者自己创业。有正直又脆弱的，宁愿接受工资更低的行政或者财务岗位，也要离开采购行业的。采购谈判不是你争我抢的打群架，谈判的核心是双方争利或者让利，从而达成共赢的过程。供应商降价，是降低他们的利润点，为采购方的利润增长贡献价值。与内部客户在采购项目合作过程中，既要满足采购流程的规定，更要满足使用部门的采购需求。倾听是比谈话更有力量的性格特质。

采购工作，特别是在初级阶段，比较被动，需要根据上级的指令完成订单，与供应商跟进交付，与各使用部门确认采购需求等。这一阶段非常磨炼人的耐心和细心，内向性格的人反而更能静下心来承受枯燥单调的工作节奏。单纯以内向和外向来评判某人是否适合某种职业是肤浅的。人的性格是会随着环境的变化、年龄的增长和资历的加深而缓慢地逐渐变化的。人的抗压能力、专业能力也会不断提升。

只要采购人员不持抗拒的态度，就一定能锻炼出较强的沟通和交际能力，慢慢地就不再害怕与人接触。随着时间的推移，以及工作成绩和自信心的积累，在工作和生活中的主动性也会有较大改观。温柔的小女生在发现交货延迟时，也会着急地冲着供应商发火。性急的小伙在重大谈判前，也会耐心地收集更多的相关数据和信息。

思考与练习

（1）列出你业务量最大、打交道最多的几个部门，以及这些部门的主要联络人和他们的性格特点。分析目前的关系模式是哪种？尝试制定关系推进策略，并记录实践结果。

（2）反思你展现给外界的形象特点。如何调整心态能为你带来更为积极的关系格局，并最终对你的工作绩效产生积极影响。

（3）选择最有代表性的一位利益关系人，制定一份关系策略，写下目标和沟通计划，列出沟通话题并在会面交流之后记录和反思沟通完的成果，以及沟通策略的成效。

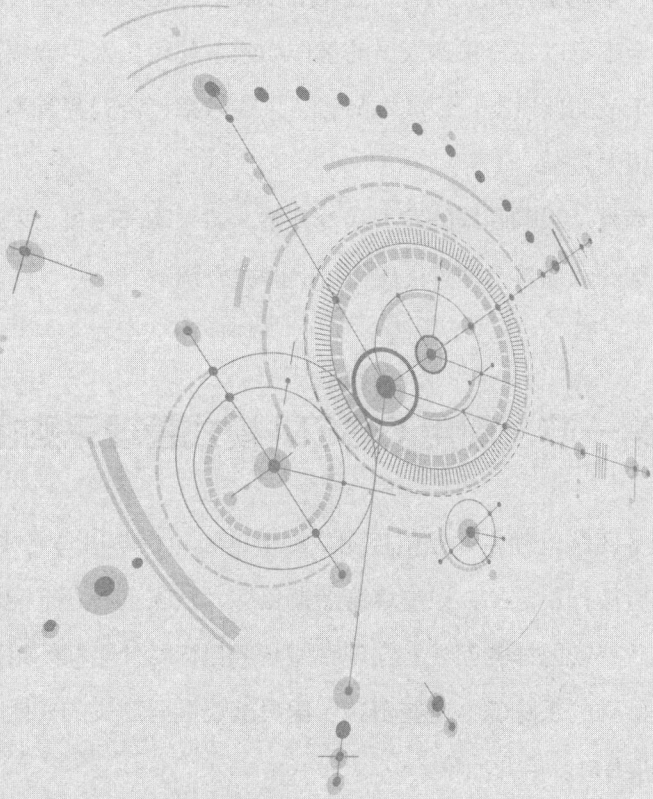

第六章

采购绩效管理

随着采购工作职业化、专业化的发展，只是买到企业所需的产品和服务完全不足以评价采购人员的工作绩效。现代化采购绩效管理的目标远不止于及时保质交付、成本节省、采购效率、合同签署等，它要实现的目标更为复杂。

本章将从采购职能的发展演变开始，对采购部愿景、采购目标数字化、采购团队绩效管理等提出可行的解决方案。

第一节　利用 OGSM 模式管理采购团队

很多团队管理者非常重视团队KPI[①]的设定、跟进与完成。KPI一般是按年度进行设定的，只能算是短期目标。从长远看，采购管理者希望采购团队呈现怎样的面貌？实现哪些长远目标？什么样的采购部才是成功的、优秀的采购部？这些更高、更具战略指导意义的长期目标远远超出了年度KPI设定的范畴。

本节我们试图把愿景、目标、要务和衡量指标的相互关联性讲明白，从而有助于采购管理者制定及传达愿景目标和策略，让员工既看到远景，也理解不同时期内应聚焦的重点；既能达成年度绩效目标，也能协助团队实现个人的职业成长与发展。

一、什么是 OGSM 模式

OGSM四个缩写字母分别代表愿景（objective）、目标（goal）、策略（strategy）和衡量（tmeasuremen）。从根本上说，OGSM模式将组织的总体业务目标和战略等复杂的概念，转化为简单的文字和数字，使组织的各个层面可以就业务目标和战略的实现进行有效的交流。OGSM模

---

① KPI: key performance indicator的缩写，即关键绩效指标。

式能帮助团队管理者制定指导方针，结合长期与短期目标落实执行战略，并制定衡量指标。它是一个解决复杂问题的有效工具。

1. 愿景

在OGSM模式中，愿景被解读为一个组织希望实现的长期目标。愿景包含了组织发展的价值观、终极理想等。任何一个组织在有意识或者无意识间都会塑造一种组织文化。例如，有的企业设立有专门的企业文化部门来塑造想要实现的企业氛围，企业下所设立的每个部门，也在部门负责人的领导下，呈现出不同的特点和精神面貌。

组织愿景是团队绩效管理的前提条件，或者说是指路明灯，是铺垫也是升华。清晰的愿景可以激励员工的斗志，在工作中更有动力。例如，你想要的东西，采购部都能帮你找到，这一愿景强调的是采购部的寻源能力。又如，采购部是能解决问题、有正面影响力的团队，强调的是采购部理解需求部门的痛点，通过寻源为需求部门找到能解决痛点、达成目标的供应商，无论目标是降本增效还是寻找完善的服务等。采购部通过积极响应各部门的需求，打造自己的专业能力使团队更具影响力。再如，除销售部之外，采购部是企业第二个能创造利润的部门，以及降本增效找采购，这两个愿景强调的是采购部谈判、控制生产和运营成本的能力。

2. 目标

在宏观愿景的指引下，企业组织需要设立中短期目标，并确定关键性的任务项。这些目标通常是企业三至五年的规划目标。企业制定的目标应该是具象的、可衡量、可实现、可兼容的。企业中、短期目标就像是一个个坐标，描述着实现愿景的每一个里程碑和全过程。

3. 策略

策略是指为完成中短期目标组织资源的方法和方式。精确、有针对性的策略让团队更加专注，提高工作效率与工作成果的准确性。

4. 衡量

企业组织为衡量策略是否有效，目标是否达成需要设定阶段性的数字指标。通常情况下，以一年时间为期限，相当于我们常说的年度KPI。通过完成一个又一个的小指标从而保证遵循策略完成所有任务项，最终帮助我们实现中、短期目标，而最终达成愿景。

OGSM模式有效地弥合了战略和执行之间的差距，领导层利用这一理想工具能有效地将战略在执行过程中在整个组织内层层推进。

二、如何制定采购部的 OGSM

制定采购部的OGSM，首先要重点考虑企业的规模、性质、短期和长期的目标，以及发展策略等；其次要考虑采购团队的成立背景、员工专业能力、重点管理品类，以及上一级管理者的期望值。采购部制定OGSM需要：一是评估组织现有阶段所处的状态；二是定义组织希望在远期实现的状态；三是制订战略计划及优先行动方案；四是调整、执行并管理战略计划。

【案例】

B企业是一家传统国企，被某全球知名消费品集团收购后，采购业务的集中管理和战略转型成为重中之重。新上任的采购总监陈品经过数月的调查，收集到以下信息：

①该消费品集团看中B企业产品在国内的知名度，补足其国内的产品线；通过集团的全球知名度以及雄厚的资金，迅速实现业务增长和赢利翻倍。

②B企业原有的直接采购属于生产部管辖，没有间接采购部，所有

间接物料的采购权归属于各职能部门，并没有集中管理。被收购后原企业仍有近一大半的员工将继续留下来工作，其中包括一些主管级别的人员。

③该集团收购B企业后的首要目标是流程规范化，满足集团严格的合规要求，其次是将各部门的业务流程逐步与集团其他中国实体公司的管理体系实现统一和标准化。

陈品根据一段时间的信息收集和了解后制定了采购部的OGSM。

（1）愿景。通过建立集中采购部、采用战略采购方法，获得可持续性的采购声誉。鉴于间接物料的采购权归属于各职能部门，传统国企的风格是各部门划定自己的地盘，各自的采购业务不允许其他部门插手。而该集团的采购管理理念非常先进，间接采购集中管理率已几乎达到100%，采购成员按品类管理分工，所有实体公司的采购组织既实线汇报给该公司的管理层，同时也虚线汇报到集团层面的采购管理层。愿景的核心点是转变采购负责人员的形象并树立良好的声誉，采用的重要手段是招聘及培养具备专业能力的采购人员，全面运用战略采购方法来管理采购业务，逐步实现全部采购业务的集中化管理。

（2）目标。一是扩大集中采购的覆盖率至90%；二是将采购流程不符合项控制在5%；三是供应商评审与绩效评估完成率达到95%。采购权的集中需要有计划地逐步收回不能期望一步到位。陈品考虑到：首先，要招聘对特定品类有专业能力与经验的采购员，凭实力接管相应品类采购权。因为对特定品类的产品和服务完全不了解就贸然接手，不仅容易有风险，还会被需求部门诟病不专业。其次，权力的交接必然会引起冲突，企业持续生产运营需要各部门间稳定的合作。若采购部同时与众多部门发生争执，势必会对生产稳定性造成负面影响。

（3）策略。一是采购部是独立的采购组织，团队成员职责按品类划分，以提高专业度；二是持续改善采购流程，并将流程落实到采购业务链的各个阶段，如预算制定阶段等；三是在严格的资质审核的基础上选择供应商，并与之建立长期的战略合作伙伴关系。

（4）衡量。一是在采购部已集中管理的业务中，本年度成本节省率达到10%；二是内部客户满意度达到80%；三是供应商绩效评估在第四季度进行，完成率80%；四是目录采购覆盖率达到10%。

从上述案例中可以看出，OGSM模式能促进组织目标与战略的清晰性、一致性和纪律性，为组织的发展制定了一个明确的方向，并确定了能达成愿景和目标的指引路径。

第二节　以数据为基础制定部门KPI

上一节我们讲述的重点是愿景、目标、战略与衡量的组合与建立，本节我们重点讲述采购数据、采购团队KPI。KPI是职场上每名员工都逃不开的话题，而采购团队KPI的特殊性在于具体数据，脱离数据谈采购绩效则是一纸空谈。

一、采购数据分析是KPI设立的前提

采购数据指的是哪些数据？如何理解这些数据与采购团队KPI的关系？下面我们来看看采购人员需要了解的一些常见采购业务数据。

1. 采购订单量变化

汇总采购订单数据能了解企业在生产与运营中所需物料的供应变化，包括以下几方面的数据分析：

（1）一定日期期限内的订单数量、订单金额、准时交货率，以及各

数据在时间范围内的变化趋势（增长或减少）。

（2）不同采购额度范围内的订单所占比例。

（3）不同采购成员所处理的订单数量和订单金额的占比。

（4）每笔订单的平均采购时效，以及每名成员所处理订单的平均采购时效。

采购订单及时交货率报告是与订单维度相关的数据分析表之一，见表6-1。

表6-1 采购订单及时交货率报告

年度	订单数（个）	订单金额（元）	供应商数目（个）	准时到货率
2021	234	11 323 184	22	98%
2022	194	12 900 773	22	99%
2023	238	18 267 330	24	95%

表中通过三年的采购订单总量和总金额分析可以看出，2021年和2022年的采购总额较为稳定，但2023年相比前两年有近40%的提升，供应商数目仍然稳定。采购额的增长为进一步与供应商商谈降低成本提供了基础，对于一些关键品类也有条件开展第二资源的开发。准时到货率2023年有一定的下降，寻找根源发现，一是团队成员变更时交接不顺畅造成延误；二是不可控因素带来了较大的负面影响。

2. 物料品种的供应变化

从物料的订单量变化了解企业所需物料的供应高低峰，包括以下几个方面：

（1）物料种类采购额的增加和减少，不同物料品类采购量在企业总体采购量中的占比。

（2）一定时间期限内同一物料的价格变化。

（3）提供同类产品的供应商数量与采购量变化。在同一时间期限内提供特定产品的供应商组合，显示采购价格变化、采购金额统计、准时到货率统计。

表6-2中列出一家药厂所采购的原辅料及对应采购订单、订单金额、供应商数量的占比分析数据。

表6-2 产品采购量数据分析报告

物料种类	年度采购额（元）	占比	订单数量（个）	占比	供应商数量（个）	占比
主　料	161 925 978.97	83.3%	28	6.2%	3	9.1%
辅　料	140 533 10.72	7.2%	120	26.6%	12	36.4%
内包材	9 011 044.70	4.6%	98	21.7%	8	24.2%
外包材	5 454 253.51	2.8%	160	35.5%	4	12.1%
耗品耗材	3 955 649.91	2%	45	10%	6	18.2%
合　计	194 400 237.81	—	451	—	33	—

表中主料的采购额占据了总采购额的83%，主料的供应无疑是采购管理的重点。无论从质量审核、准时到货率、价格的把控上都将更严密地跟进。在供应商关系的发展上，通常会由企业最高领导层牵头参与战略合同的谈判与签署，并参与每年的回顾会议，以发展更为牢固的合作伙伴关系。

关键产品的明细构成、市场价格波动、汇率与通货膨胀的变化、国家税率及利率的变化都对企业产品成本产生影响。采购人员应定期收集这些数据，分析其对生产性材料和非生产性材料采购价格的影响，及时应对，控制成本的上涨，为采购谈判和绩效追踪建立数据依据。

3. 供应渠道的变化趋势

从供应商数目的增减去了解企业生产运营所依赖的供应渠道的变化，以及有可能面临的外部风险，包含以下几个方面：

（1）供应商库的结构、数量、稳定性、品类占比、重要性分级。

（2）重点供应商的年度采购总额、成本分析、企业声誉、创新与环保等。

（3）供应商考核率、定期绩效回顾、合同签约率。

供应商数据分析能帮助采购人员判断供应商在企业内的战略定位，并据此制订供应商关系发展计划。

表6-3是某企业2023年采购额排名前十的供应商数据表。一般以年为单位，列出采购额度排名靠前的供应商。

表6-3　供应商采购额排名前十数据报告

排　名	供应商名称	2023年采购额（元）	产品类别
1	A	42 760 972	研发
2	B	36 131 841	物流
3	C	30 616 468	市场服务
4	D	14 012 820	研发
5	E	13 871 892	研发
6	F	7 332 466	固定资产
7	G	4 871 388	IT
8	H	2 976 700	IT
9	I	2 660 776	固定资产
10	J	1 783 564	会务会展

供应商历年价格与采购量的变化趋势见表6-4。

表6-4　供应商历年价格与采购量的变化趋势、预估年度节省额计算表

零件号	物料名称	供应商名称	2021年价格（元）	2022年价格（元）	2022年采购量（个）	价格差异	2022年预期节省（元）
1001	物料型号A	供应商1	0.130	0.120	4 975 883	92.3%	49 758.830
1002	物料型号B	供应商2	0.110	0.095	10 256 080	86.4%	153 841.200

4. 采购行为数据分析

从寻源的采购文件中了解采购行为的合规性、政策的限制性，包含以下几个方面：

（1）未严格履行采购政策的事件。

（2）政策的培训是否有落实到位。

（3）SOP的定期更新和细化。

如何获取采购数据？可靠的数据来源是做数据分析工作的前提。如果新加入一家企业，想要快速获得准确的采购数据：一是企业ERP系统；二是财务部的凭证与报表；三是法务部的合同存档；四是要求供应商提供近几年交易汇总表；五是采购部原有员工的存档文件。

如果企业具备完善的ERP系统，数据的获得相对比较容易。这些数据从系统中导出后需要清理、审查和校验，查看数据是否遗漏、完整、正确、重复记录，并对数据进行规范化，之后再将数据归类汇总、重组，最终制作成可视化的报表。

二、如何有效制定采购团队 KPI

制定采购团队KPI时，需遵循明确的基本原则，从多维度设定指标，并科学确定具体数值。

1. 基本原则

制定采购团队绩效目标应遵循的基本原则。

（1）避免笼统、模糊的描述，应以具体数字指标界定。含糊不清的目标使团队懒散、工作效率降低。

（2）每年的目标不要过多，精确重点的目标能激发成员的斗志。目标过多，没有重点，团队疲于奔命，找不到成就感。

（3）需要根据企业发展阶段进行调整。

（4）尽可能结合不同角度的指标作为组合KPI。比如从质量、成本、供应商管理、采购效率等方面。

2. 设定维度

采购团队KPI的设定可以围绕政策与流程维度、供应商维度、订单维度、成本价格维度、团队维度和客户维度展开。

（1）政策与流程维度。从采购申请到付款的处理流程、供应商选择流程、员工行为符合公司采购政策和SOP（标准作业程序）的规定，控制不合格事件的发生。

（2）供应商维度。合同签约率、供应商绩效评估的按期完成及跟进、供应商的分类与整合精减。

（3）订单维度。从采购申请到采购订单的处理效率、订单及时到货率、小额订单的合并与减少。

（4）物料维度。物料供应源的稳定、价格变化、采购量的分配、物料品种的统一化和标准化。

（5）成本价格维度。如何计算及汇总成本削减、成本避免、效率提升带来的节省、系统占用精减带来的节省等。

（6）团队维度。每名成员负责的采购量、成员专业能力、沟通能力、成员工作效率。

（7）客户维度。客户满意度、配合度等。

【案例】

新任采购总监陈品入职后发现原团队成员的绩效目标有七八条之多，而且比较含糊，经过调整后确定的四项年度KPI，见表6-5。

表 6-5　调整前后的四项采购绩效指标

调整前	调整后
保证货物的及时供应	OTIF 达到 98%
及时响应需求部门提交的采购申请单	根据采购政策制定的比价原则，以及项目复杂程度设定标准；至少 95% 的采购申请单处理周期符合标准要求
以合理的价格采购所需物品	有效比价的完成率 98%
有效处理供应过程中的投诉	与 80% 的供应商签署框架协议，规定反映时效、避免风险

表6-5之所以确定这四项指标作为当年的KPI，是考虑到采购团队在过往一年中因为人员更换频繁，造成了采购效率低下，不仅订单及时到货率低，内部客户对供应商的服务也不满意。新来团队成员不熟悉采购政策，出现无比价，或者不按政策严格比价的状况。

除上述指标外，常见的采购部团队KPI还有付款账期、供应商表现、质量投诉、流程执行符合度、集中采购覆盖率、目录采购覆盖率、采购数字化覆盖率、第二资源完成率、成本节省率、供应商库缩减数、订单整合率、供应商合同完成率、内部客户满意度等。

3. 确定KPI具体数值

下面就具体指标给出常见的定义。

（1）采购申请处理时效。采购申请处理时效，即从采购申请到生成采购订单的处理时效，计算方式是系统中采购申请单从预算审批结束流转到采购部开始，直到采购订单最终审批结束之间的周期。对不同金额不同类型的采购申请单的衡量标准各有不同。表6-6是某企业采购申请处理应参照的时效要求。

表 6-6　采购需求平均处理时效

行动项	描述	天数	不同流程的天数					
			I	II	III	IV	V	VI
采购需求审批，申请人直线经理		2	√	√	√	√	√	√
询价（询价比价/确定供应商）	·无需三方比价	2	√	√				
	·三方比价时间，现有供应商	14			√	√		
	·三方比价时间，新供应商	28					√	√
采购申请按预算额度的审批时间	·一级审批	2	√	√	√	√	√	√
	·二级审批	2	√	√	√	√	√	√
合同	·需要签合同	22		√		√		√
	·无须签合同	0	√		√		√	
生成采购订单		2	√	√	√	√	√	√
采购订单审批	·一级审批	2	√	√	√	√	√	√
	·二级审批	2		√	√	√	√	√
供应商签字盖章回传		1	√		√		√	
总天数			13	36	27	48	41	62

（2）订单及时到货率。订单及时足量交付率，即OTIF衡量供应商是否按订单要求及时足量供货。及时到货率计算方式是：实际交货订单数（批次）÷计划应交货订单数（批次）×100%。天数允许偏差为±2天，货品数量允许偏差一般在±5%。这些偏差规定会根据不同企业实际情况进行调整，确保符合生产的需求及对供应商公平公正的评判。

【案例】

某包装企业利用表6-7跟踪交货及时率及数据差异。

（3）供应商签约率。同样是避免市场风险，保证供应商的价格和供应稳定的一个基础工作，但并不是每家企业的采购部都能及时完成这项工作。在正常情况下，合同似乎作用不大，特别是金额较小的采购业务，但如果发生异常状况，合同条款却是谈判与推进合作的得力助手。

（4）成本节省率。谈到采购，就会谈到价格，也会谈到节省，有些企业就会无限扩大比价的重要性。实际上，在合同签约、供应商评审等基础工作不健全的情况下谈比价和节省是偷懒和无效的管理。陈品要求团队追踪历年的价格变化，以纵向的价格对比代替横向的价格对比，更能体现采购职能为企业带来的真正价值。

采购部统计成本节省率的方式通常有如下几种：

①成本削减。成本削减是最普遍意义上的成本节省。计算方法之一是价格折扣，即某件产品在原价格基础上给予折扣得到的节省。其计算方式为：（新的采购价格-旧的采购价格）×预估采购数量。比如，采购部2024年12月和某包材供应商就采购的A类包材进行了价格谈判，供应商给予了10%的降价。原采购价格1元/张，现采购价格0.9元/张，2025年全年预估采购量为1 000万张，则节省额为：（1-0.9）×10 000 000=100（万元）。计算方式二是数量返利，即按约定达成一定的采购量后，供应商给予一定返利，通常在付款中扣除返利金额。例如，某产品单笔订单的采购数量达到100万件时，供应商给予2%的返利。即当采购数量为100万件，单价为1元时，总订单金额为100万，扣除2%返利后的实际结算金额为98万元。如果该产品全年累积采购数量达到1 000万件，则在总采购额基础上再给予1%的返利，在当年最后一笔付款时扣除。即全年采购了1 000万件，单价为1元，则供应商在年末最后一笔订单的付款时应扣除全年采购额×1%的折扣，也就是10万元的返利。

②成本规避。当新产品、服务或所需产品与过往要求的规格和标准不同，或者涉及一次性采购等情况，导致没有过往价格参考时，采购人员通过谈判、比价、竞标等采购方式，避免了成本超支，这种节省通常

被称为成本规避（cost avoidance）。其计算方式有几种：一是三家报价比价法，即采购人员在得到三家供应商报价后，将最终采购价减去三家报价的平均价得出的数值进行比较；二是预算与实际成交比价法，即将最终成交价格减去预算价格得到成本规避值；三是首轮与最终报价比较法，即将供应商最终报价与首轮报价相比较得到成本规避值。成本规避值不能直接体现在财务指标上，因而不是财务部所认可的节省，只是衡量采购人员绩效的一种方法。

③效率节省。效率节省是通过提升采购效率等带来的成本节省，这一数值的计算比较复杂。比如，采购数字化系统的上线和优化，能带来显著的效率提升。原本处理一个采购申请的正常时效为3~4天，利用数字化系统可提高到1~2天。效率提升自然减少了人工成本。再比如，供应商数目的减少。某企业将每年合并和精减掉的供应商数目作为节省指标；减少一家供应商，其占用的系统资源、财务处理付款的人工成本都能相应减少。

【案例】

表6-8是某包装企业用于统计年度节省额的数据表。

（5）流程执行符合度。大中型企业定期会有内部审计，也就是由企业合规部或财务部实施的，以企业的管理体系为目标的内部审查；通过审查验证企业的管理体系是否持续满足政策与流程的要求并且在正常运行中。采购部在内审中被审核的重点是流程执行符合度。例如，采购政策与流程中通常规定新供应商必须经过评审，合格后才能加入到供应商库。在内审时会审查新加入供应商的评审过程文件及签字文件。又如，企业规定超过一定金额的采购申请需要进行多方比价，内审时会审查超过这个限额的采购订单的支持文件，看是否比价文件齐全。再如，政策规定关键供应商需要每年做绩效回顾，那么内审时会查看绩效回顾的记

表 6-7 OTIF 跟踪表

订单号	物料编码	物　料	供应商名称	订单日期	单　价	订单数量	总金额	计划到货日期	实际到货日期	实际到货数量	到货日期差异	到货数量差异 %
580	S01	一级包装	A 包装有限公司	2021-2-23	44.00	100	4 400.00	2021-4-3	2021-4-4	110	1 天	10%

表 6-8 年度成本价格与节省计算表

物料编码	物料名称	2023 年采购量	2023 年采购价格（元）	2022 年采购价格（元）	价格差异（元）	价格差异（%）	2023 年节省（元）
S002	化学品	92 068.00 kg	15.82	17.14	1.32	7.70	70 910.95
S004	包装材料	19 389 560.00 pc	14.40	16.10	1.70	10.56	2 047 537.54

录与签字文件。

（6）目录采购覆盖率。目录采购也被称为菜单式采购，通常是采购人员就重复性高、价值较低、规格标准的产品或服务与供应商签署合同，并固定年度采购单价；使用部门按价格清单（菜单）直接联系供应商下单的采购方式。目录采购能大大提高企业消耗性产品的采购效率，是近些年企业，特别是制造型企业所大力推崇的一种采购方式。在全部可实现目录采购的采购品类支出中，能实现的支出百分比通常是衡量采购部绩效的指标之一。

（7）内部客户满意度。采购部最基本的职责是为使用部门（通常被称为内部用户）提供采购服务，以及管理使用部门的预算支出，因而用户是否满意采购部的工作也是衡量采购绩效的一项指标。客户满意度调查可以围绕几个方面进行：采购效率的满意度、对采购部整体职能的满意度、对单个采购人员不记名的满意度调查、内部客户对采购团队的专业性、反应速度等各方面的整体评价、客户配合度，对于采购政策在执行过程中需要内部客户配合时的顺利程度等。

（8）供应商库整合率。供应商整合是一种采购管理策略；企业致力于减少合作的供应商数量，旨在将采购量集中在单个战略合作伙伴或一小群可靠的供应商身上，以实现更优价格、更好的服务、更强的绑定关系、共同开发实现共赢等目标。这一绩效指标将考核采购部每年减少的供应商数量，通常约定一定的比例。

这些绩效指标在前四个章节中都有涉及，大家可参阅前文了解更多具体到与产品品类、政策流程和供应商相关的绩效指标说明。

三、采购数据在沟通中的有效运用

采购数据即可用于向上汇报、向下管理、跨部门沟通及与供应商沟通。除此之外，采购数据是制定采购团队KPI的基础。

1. 向下管理

一家企业对采购部的战略定位，以及合规的要求是建立采购组织结构的指导方针，但数据才是采购部组建、成员结构、任务分配、绩效考核实施过程中的依据。

如果企业没有设立采购部，那么财务系统中历年来企业与外部供应商发生的交易总额、系统中的外部供应商数目将是采购组织搭建的基础依据。

如果企业已有采购部，采购系统中的数据将会是优化管理的基础。总订单金额、总订单数目、平均处理单个订单所需的时间、总供应商数目、已签署合同的供应商数目。

图6-1所示是某企业采购部员工2023年负责的采购订单数和采购总额的柱状图。虽说由于采购品类的复杂程度，采购量不能完全代表工作量，但却具有较大的参考价值。

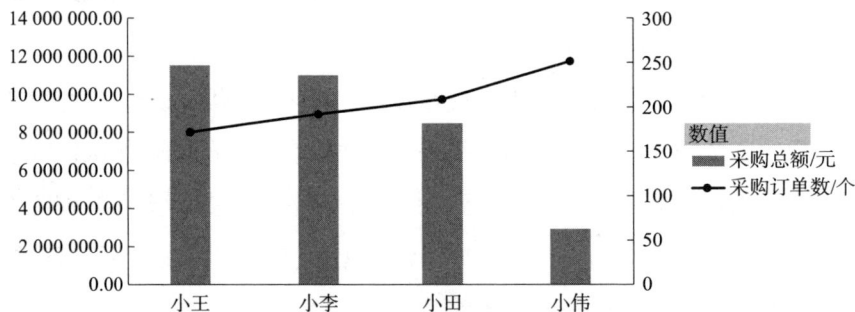

图6-1　某企业2023年采购部员工采购量统计表

在拉出该统计数据后，采购部管理者重新调整并使每人的工作量尽量维持均等。

2. 向上汇报

采购部一般向谁汇报？不同企业情况不同，比较普遍的几种情况有：采购部是独立的一级部门直接向企业的首席执行官汇报；采购职能分为直接采购和间接采购，直接采购部隶属于生产运营板块向运营副总裁或生产总监、工厂厂长汇报；间接采购隶属于商业运营板块向首席财务官汇报。无论哪种情况，对采购数据汇报感兴趣的关键领导层包括首席执行官、首席财务官和首席运营官，即企业的最高管理者，企业主管财务和运营的高层。首席财务官最关心的是成本数据，而首席运营官最关心的是运营效率，首席执行官关心的是最直接的目标：采购为企业的发展创造了哪些价值？

历史同期采购成本的对比与分析，本年度采购价格的变化与预测，得到真实的成本节省是首席财务官最感兴趣的话题。请注意成本避免虽然是采购部内部衡量工作成绩的一个数据，但在企业首席财务官眼中却往往算不上是成绩。系统占用成本，如过多的小额采购订单、过多的尾部供应商都会占用系统资源，也是成本的浪费。

采购能为企业的发展创造哪些直接的价值？选择合规守法、注重环保可持续性发展的供应商能为企业避免经营及道德的风险。和供应商发展战略伙伴关系，共同开发新产品，应对市场产品的更替和残酷竞争，是企业生存和发展的根本。

3. 对内服务

内部客户最为关心的除了预算的使用情况就是时效性了。采购流程复杂、审批环节多、效率低是很多企业采购部面临最多的抱怨。采购周期的计算和分析能让内部客户理解和接受采购政策与流程的约束，相互配合才能产生最大的协同作用。

4. 对外谈判

与供应商谈判什么最重要——采购力！采购力既包括企业能分配给供应商的采购额度，也包括产品的稀缺度、采购额度在供应商营业额中的占比。采购员需要根据内部的数据分析、市场的供应分析制定发展供应商战略和合作谈判策略。

第三节　跟进、调整及达成采购部KPI

虽然采购管理者在年初制定KPI时会与员工沟通，保证大家理解和接受，但在实际执行过程中，仍然会发现员工对KPI理解有歧义、执行不到位的情况。原因有以下方面：团队成员收集数据的出处、汇总和计算数据的方法存在差异；员工并未透彻理解或并不足够重视KPI的设定，认为只是走个形式；未能有效利用管理工具跟进任务的执行；没有定期及时给予反馈。保证KPI的落实需要有效利用管理工具，同时建立积极的沟通机制，等等。

一、良好的沟通机制是目标跟进的最优解

制定有效的沟通频率、内容、方式与深度才能在塑造团队凝聚力的同时，高效完成部门绩效指标。下面是采购管理者能利用的几种常见沟通机制。

1. 周例会

周例会的主要议程是团队成员汇报日常工作，成员之间交流遇到的共性问题、领导适时给予指示。周例会要达到的目的是领导需要知道部门的日常运转是否顺利，有无异常。团队定期聚在一起，能增进团队的凝聚力。如果有特殊主题，在周例会开始前应事先想好本次会议要达成的目标是什么？具体要传达哪些内容？如何传达，如何组织讨论才能有助于团队理解和接受。会议需要解决的是共性问题。以团队成员间发生争执为例，调和矛盾和解决争端需要私下进行，但在团队会议上，传达在类似情况下应遵守的原则和规定就是共性问题。

通常部门内部会议都是领导主持，成员轮流汇报。这种惯常的开会流程一旦形成定势，开会这件事就会变得无趣，于是每个人都只是应付

地出席会议，效率大大降低。流程上做一些变化有助于唤醒团队的注意力，如轮流做主持人，以及记录会议纪要，成员的发言次序定期轮换，如果团队分散在多个办公地点可以偶尔变化地点，偶尔安排午餐会增进感情，重要时期如年终汇报时要求准备更正式的汇报演示等。虽然不是大的举措，但也能起到不错的效果。

在周例会上要求跟进的事务，如果会后不及时跟进，造成的结果就是下一次周例会上需要再次讨论和决策，任务无限拖延。管理者在周例会上讨论出的下一步行动，需要明确分工和权责，及时将任务分配给指定责任人。开会不能代替日常跟进，管理者应在下次会议前让成员汇报任务的进度，会议可以当作公开表扬或者再次提醒的时机。

2. 月度会

团队例会之所以区分周例会、月度会、季度会和年度会，目的是打破惯常的节奏和流程，把非日常工作交流之外需要传达和讨论的内容，或者需要重点强调的内容放在月度会和季度会中。月度会特殊的内容包括：上月采购数据分析与汇报，就异常情况进行讨论与归纳总结；管理者传达部门愿景、目标；管理者就采购专业技能做专场培训；邀请有突出成绩的成员分享过程与结果；邀请上级领导参与团队会议分享企业动态并就团队工作给予指示；邀请其他部门同事做业务分享等。

3. 季度会

某企业在季度会时，会设立一项重要议题：年度KPI数据的跟进，注意这里并不是正式的年度KPI回顾，而是就KPI涉及的一些数据指标拆分到月度或者季度进行跟进，目的是发现问题及时纠正。

我们以表6-5中的数据指标为例，OTIF需要采购人员按月度统计指标达成率。这一项指标是制造型企业直接采购最关键的指标之一，不能达标将严重影响到企业的生产。

（1）采购处理周期数据指标一般也需要采购人员按月度统计达成

率。这一指标在间接采购中需要得到重视。间接采购大部分是服务性采购，对交付时间没有直接采购那么敏感，但对采购人员处理采购需求的反应速度和完成率要求很高。

（2）采购需求的比价完成率，以及成本节省的追踪可以放在季度会议中汇总与汇报。时间长才有足够的数据量做比较与统计。

（3）供应商合同签署率一般也放在季度会中统计与汇报。

采购管理者需要根据年度KPI的数据类型将KPI指标拆分到按月或者按季度跟进。日常处理频繁的业务，如订单处理、到货率等，需要在更短的间隔里检查进度，而与供应商绩效相关如合同签署、数目的增减等的指标检查可以时间间隔长一些。

4. 年度会

年度总结报告应包含几个必要的部分：采购数据汇总与分析、本年成绩与不足、明年目标与计划。

（1）年度采购数据汇总与分析。有了月度会、季度会的数据汇总与分析，年度会数据的汇总就容易得多了。

（2）总结成绩与不足。就达成的目标提出表扬，对未达成的目标要分析原因与改进措施，并列出详细的落实计划。除数据指标的成绩与不足外，团队建设、员工发展是对采购管理者的一项考核，也是对采购部员工贡献度的考核。

（3）次年目标与计划。需要优先考虑企业发展经营对采购部提出的新要求和新指示制定次年的目标，同时要结合今年指标完成情况制定次年的工作重点。

【案例】

图6-2、表6-9至表6-10为某企业年度报告所包含的数据。

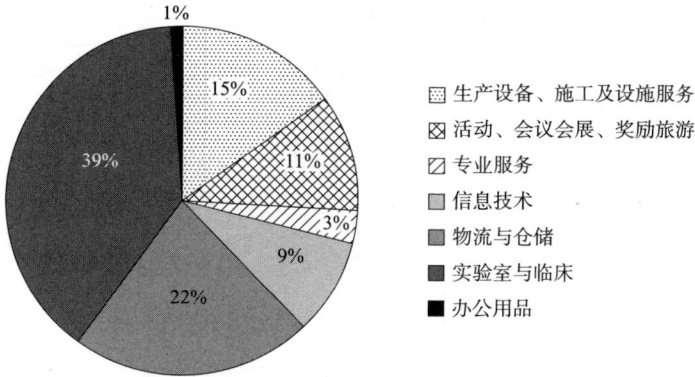

图6-2 采购部2024年品类采购额度占比

- 生产设备、施工及设施服务
- 活动、会议会展、奖励旅游
- 专业服务
- 信息技术
- 物流与仓储
- 实验室与临床
- 办公用品

表6-9 采购部 2024 年完成项目情况

项目说明	1月	2月	3月	4月	5月	6月	7月	8月	9月	10月	11月	12月
解决关键物流供应商涨价问题，协商及签署补充协议		■	■	■								
解决辅料延迟交货问题，签署合同			■	■	■	■	■	■	■			
完成工程项目优选供应商招投标流程						■	■			■	■	
临床服务项目完成三轮谈判，达成降价幅度300多万元	■	■										
完成50%的供应商年度绩效评估					■	■						
采购流程更新与培训								■	■	■	■	

表 6-10　采购部 2025 年项目计划

项目说明	1月	2月	3月	4月	5月	6月	7月	8月	9月	10月	11月	12月
文具供应商在线平台上线				■	■	■						
与主要原材料供应商谈成本节省，目标10%								■	■	■		
启动物流供应商招投标	■	■	■									
MRO电子采购平台上线				■	■	■						
签署实验室产品目录采购合同										■	■	■
完成80%的供应商绩效评估	■	■	■									

5. 不定期一对一沟通会

很多管理者没有和团队成员定期安排一对一沟通的习惯，这既有管理者的原因，也有员工的原因。很多领导认为管理就是指挥和命令，很少愿意与团队成员一起坐下来平等地沟通。他们从心态上缺乏给予员工一对一沟通的意愿。员工的原因，特别是一些绩效较差的员工，他们能力较差，进步较慢，因而越发害怕领导指出自己的不足。

一对一沟通的重要原则是：管理者应该以坦诚的态度，以积极寻求解决方案的方式进行。沟通时管理者是询问，而不是告知；是倾听，而不是讲述；是赋能，而不是指挥。在沟通中列举事实、提出要求，而不是抛出结论，如列出员工进度慢的几个项目共同分析原因，告诉他组织期望的进度目标，帮助他寻找提高效率的方式。如果在一对一沟通开始时管理者就给出员工效率低的定论，沟通会很可能变成了指责与辩护大会，让双方都不愉快而且起不到任何改进作用。管理者需要通过沟通来提升员工对于工作的认知，增强员工的责任感。

除了将上述部门定期会议作为KPI的跟进时机外，采购管理者也需要定期组织与企业内不同部门间的项目沟通会，与外部供应商的谈判、业绩回顾等会议，旨在培养员工进度管理、项目管理的良好习惯，以及就采购专业技能随时随地进行指导。

二、利用管理工具跟进 KPI

磨刀不误砍柴工。管理者应该花些时间学习，利用采购管理工具来提高效率、确保团队达成绩效。这里介绍几种常用的采购管理工具，包含进度管理、成本管理、项目管理、质量管理等。

1. 项目甘特图

甘特图简单来说就是用条状图来显示任务进度的图形图表，其本质是一种项目计划。甘特图一般包含三个要素：任务、资源（人力）、时间，也就是什么人在什么时间内完成什么任务。

甘特图有助于计划和管理项目，它把一个大型项目划分为几个小部分，并有条理地展示。每个任务都有预期开始时间和完成时间，一般在右侧有水平的条形代表。任务可能循序渐进，也可能并行，时间有重叠。在项目过程中，重要的事项可以用一个小菱形标记为里程碑。从一个甘特图中，你可以清晰地看出子任务是什么，以及每个任务何时开始何时结束。可视化地呈现一个项目的同时还可以轻松地了解每个阶段会发生的事情，从而跟踪项目进程。表6-11是某企业品类采购经理汤慧负责的翻译服务招投标项目甘特图（右侧隐藏了水平的条形时间线）。

2. PDCA循环

PDCA循环是美国质量管理专家沃特·阿曼德·休哈特提出的全面质量管理的思想基础和方法依据。PDCA循环的含义是将质量管理分为计划（plan）、执行（do）、检查（check）和处理（action）四个阶段。

表 6-11　翻译服务招投标项目甘特图

项目描述	品类	项目目标	任务分解	项目负责人	每周进度回顾	计划开始日期	计划结束日期	提前（延迟）	状态
翻译服务优选供应商招标及签约	专业服务	成本节省、流程优化、提升服务质量	数据收集、项目计划	汤慧	第 40 周合同签署	2024-8-1	2024-8-10	0	完成
			确定项目小组、启动会议			2024-8-1	2024-8-20	0	完成
			确定服务范畴与描述			2024-8-1	2024-9-1	12	完成
			供应商调研			2024-8-1	2024-9-10	-5	完成
			发出招标书、澄清、现场考察供应商			2024-9-15	2024-9-20	0	完成
			供应商提交投标方案			2024-9-15	2024-10-10	0	完成
			项目小组评估投标方案、确定中标供应商			2024-9-15	2024-10-20	0	完成
			采购洽谈、合同签署			2024-9-15	2024-11-15	-15	完成
			供应商培养、正式启用			2024-11-10	2024-11-30	-20	完成

在质量管理活动中，要求把各项工作按照作出计划、计划实施、检查实施效果，然后将成功的纳入标准，不成功的留待下一循环去解决。这一工作方法逐渐成为企业管理各项工作的一般规律。

【案例】

某企业由于其产品市场价格普遍下调，给采购部下达了较为严苛的成本节省目标。采购总监利用完整的PDCA循环布置成本节省目标，并监督采购人员的执行过程。

①计划。这一计划的关键点是目标量化，即成本节省额占本年度采购额的5%。其中，成本节省额的计算方式为：本年度采购单价-上一年采购单价×本年度采购量。新任采购总监发现原有采购团队对价格的敏感度不高，问起历年的采购价格变化往往以采购量小、市场上各类成本不断上涨为由来解释采购价格的上涨，认为不可能有节省。分析原因，采购人员对供应商关系发展、产品成本构成的理解非常薄弱。除了在下订单、催单、付款等环节与供应商有接触外，没有把关系发展看成是一个重要的工作，每年的供应商绩效评估仅限于书面工作。采购总监陈品带领团队在内部书面评估完成后，安排与重点供应商进行线上面谈或线下见面。在会谈过程中了解销售对接人的个性特点、对合作的重视程度、对方所关注的成本因素变化，并试探性提出成本节省的空间。通过网上会面与交流，陈品坚定了5%~10%的节省目标，并要求采购人员制订整体谈判计划，以及每家供应商的谈判策略。

②执行。包括了：a.收集历年采购单价了解变化趋势；b.与供应商约谈，评估与供应商的关系，判断谈判空间、调整谈判策略；c.执行谈判并落实谈判结果。

③检查。包括了：a.每月统计订单量的同时统计节省额度达成情况；b.统计未完成谈判目标或未谈判签约的物料，评估更多可谈判和

节省的空间；c.调整目标或谈判方式。

　④处理。包括了：a.根据谈判结果和供应商签约；b.在日常合作中监督供应商的表现；c.定期汇总节省数据并汇报给管理层。

第四节　采购团队的培养与管理

　　一个人的力量是有限的，作为采购管理者，应如何有效传授自身经验，有意识地提升员工的工作能力和专业水平呢？又该如何塑造团队凝聚力，将个人的力量汇聚成更强大的团队力量？

一、采购团队管理的核心

　　在企业管理中，最重要的就是员工管理。而人力资源管理的核心是：选人，育人，用人和留人，再加上开人。下面我们把育人和用人放在了一个环节来讲，因为企业的育人不同于学校，除少数超大型企业有专门的员工教学培训体系，如员工大学等，绝大部分企业只有少量的培训课程提供给有潜力的员工。极少数超大型企业设立的企业大学有针对性地培养自己的员工，而绝大多数企业师傅带徒弟，上级指导下属都是在工作中进行的，也就是在用人的过程中育人。企业中的内、外部培训机会更像是一种留人的措施，是激励甚至奖励的手段。

1. 选人

　　选人是团队培养的首要环节。那么，采购人员最应具备的素质是什么呢？又该如何慧眼识人和明辨秋毫呢？在第一章中，我们详尽讲述了采购人员应具备的基本素质和品格，以及不可或缺的通用能力和专业能力，这些内容可供采购管理者在招聘团队成员时参考借鉴。

　　我们在招聘员工，特别是资深员工时，往往过分注重应聘者的从业经验，以及在同行业同类型企业中的工作任务和成就。一旦这些方面大致匹配，我们可能会急于发出工作邀约，却忽视了考察采购人员应具备的基本素质和素养，同时也未充分考虑不同年龄层、不同级别采购人员应有的精神面貌。若忽视这一点，即便履历再丰富、再匹配、再光鲜，也可能选错了人。

　　在前文中，我曾提及对采购人员非常重要的四种特质：学习热情、服务意识、思路清晰、意志坚定。那么，在实际招聘过程中，我们应如何根据应聘者的年龄背景及其过往的从业经历，来考察应聘者的素质和品格呢？

【案例】

　　采购总监陈品招聘了两名新员工，即品类采购经理和采购员。这两个职位的区别在于品类采购经理需要有丰富的品类管理经验，有独立开发和管理供应商、数据分析，以及品类策略的能力，能与强硬的利益关系人处好关系，擅长做汇报。而采购员的工作职责虽说也是负责具体的某几个品类，但对这个职位的要求是独立处理采购需求，在采购总监的指导下完成数据分析、开发和管理供应商、理解并执行采购总监制定的品类策略。

　　在面试采购员一职时，陈品重点提问关于学习兴趣和能力方面的问题。一个人是否具有浓厚的学习兴趣热情是伪装不出来的。另外，陈品让候选人讲述自己在上一家企业接手新工作时的适应和成长过程，看他在不得不经常接触新的产品服务、新的供应商时是否觉得辛苦。有的候选人会立刻表现出兴奋，对能接受新事务，接受新的挑战很有兴趣，并能清晰描述他们希望学习和进步的要点在哪里，而有的候选人则表现平淡。

在招聘品类采购经理时，陈品提出了以下问题：

（1）让候选人描述品类管理的要求，以及制定品类策略的过程，从中判断其专业能力。

（2）候选人为行业内哪些企业工作过，分别都担任什么职位？在这些职位中哪些收获对如今的职位有帮助，为什么认为有帮助。

在不同企业不同岗位上历练，能锻炼多样化思维，见得多才能识得广。在不同的环境、不同的挑战中保持稳定的情绪，对自身有更清晰的认识，能逐渐养成坚定的意志。

对于相对资深的品类采购经理，对学习热情和服务意识是否也有高要求？其实学习热情和服务意识是对采购人员最基本的素质要求。社会经济的发展变化速度越来越快，采购人员要保持终生学习的状态，了解社会变化，收集和掌握及时的信息，才能制定最适合企业发展的采购策略。

2. 用人与育人

用人的原则，通常是在选人的基础上来制定的。实际上，采购管理者在很多情况下并不拥有完全的选人的权力。比如上一任管理者留下的人员，企业领导安排的人员，以及因企业组织合并而转岗的人员，这些都不属于采购管理者自主选拔的范畴。当然，即便是采购管理者亲自挑选的人才，也可能存在选错的情况。在用人前先，关键在于识人，这是一个需要时间的过程。短暂的面试、三至六个月的试用期，甚至一至两年的日常合作，都不足以完全洞察员工的潜力和人品。

在初建团队识人不深时，团队成员分工应均衡，以各自过往职业背景分配更有经验的项目、品类或者工种为宜。然后在用人的过程中再不断发现每个人的特点和优势，以及对管理者的信任、配合与支持程度。

（1）彼此信任。如果员工是由采购管理者亲自招聘进来的，或是通过朋友介绍入职的，便属于信任度高的员工，也是俗话说的"自己人"。

他们因为信任而依靠你，会全力配合和支持你的工作。

（2）契合度高。如性格、价值观都比较一致的员工，通常能够合作愉快。因为价值观一致，大家在设定目标和制定行动方案时更容易达成共识。

这两类员工，都是可以重点培养的，要多花时间精力指导与相处，多给予资源，如培训计划、外部交流机会等，助力他们更快成长。如果发现他们有某些欠缺和不足，可以语重心长，让他们知道你的信任和器重。人在受到信任和尊重时，会更加努力地改变和进步。

对于上几任管理者留下来的老员工，如果你在多次传达团队的愿景和目标，并给予足够的资源和指导后，这类员工仍然跟不上节奏，甚至跟你对着干时，就需要采取一些措施进行调整。

根据员工潜力和意愿在团队从初建期进入到平稳期后，调换工作内容是用人的第二要点。潜力高，意愿强的员工，分配工作时既考虑个人意愿、个人强项，也考虑团队发展的需要，以及个人发展的最优路径等。一般资质且上升潜力不大的普通员工，分配他能胜任的工作职责，紧密观察、时常督促。在他能独立承担的工作任务上少量提出一些更高的要求，以帮助他获得进步和缓慢提升机会。对于能力和意愿都不积极的员工，逐步将其从重点项目挪走，给他们安排要求更低、重要级别低的项目，减少因为员工不能积极完成任务而带来的风险。

3. 留人

团队在经过初创期和发展期逐步稳定下来后，如何激励和留住优秀员工是采购管理者在稳定时期的一个重大课题。每名成员都熟悉了自己的工作职责，薪水和职位也有过至少一轮上调。再往上一层级的提升对员工的要求更高，而工作上有所突破的机会却不太多。看似稳定的团队，如果流失一两名骨干成员，对整体运营的影响较大，因而此时的团队激励需要从上至下，多种方式结合。

（1）进行授权。授权是调动下属工作积极性的需要，也是进一步提升下属的工作能力的需要。对于完全胜任甚至超出现有岗位要求的员工，如果没有合适的内部提升机会，领导可以加大工作授权力度，给予员工更多权利，激发员工的工作热情。

> **【案例】**
>
> 采购员陈稚最初在企业担任采购助理一职，她自采购部创建之初就加入了采购团队，作为采购助理在这家企业工作了近七年。她熟悉采购流程，以及质量管理体系要求，擅长数据分析与报告，在协助采购工程师们处理采购订单和合同时更是非常严谨和细致。因为技术背景的限制，陈稚一直没有机会被提升为采购工程师，于是陈品授权陈稚监督和管理采购工程师的项目文档，相当于部门内审的角色。如果在检查文档时发现采购工程师未按采购流程和政策执行项目，陈稚需要在提醒采购工程师的同时向陈品汇报工作偏差。另外，陈品决定扩展她的工作职责，将办公室开支，如办公用品、家具、计算机及相关设备等的采购任务交给她。

（2）发展计划。由于内部提升机会有限，采购管理者可以从职场发展上为优秀员工提供机会，这样将来无论是在企业内，还是企业外，在时机成熟时，员工都能随时获得提升。从采购职业发展来讲，可培养采购人员以下方面的专长。

①流程专家。虽然有丰富工作经验的采购人员都会熟悉采购流程，但从流程的执行者到成为流程的制定者间有很大差距。采购管理者发现流程中存在不完善之处时，可指示员工提出优化建议和方案，并交由员工完成流程的更新与培训。每家企业的规模、性质不一样、所处的阶段不一样、企业文化不一样，采购流程的制定需要在通用的基础上灵活变

通才能满足企业高效运转的要求。对采购流程理解越深，越会重视不同企业采购流程中的细节变通与设计、重视流程执行效果的追踪，以及流程的宣传推广，使采购流程能在各部门有更高的接受度和配合度。

②品类专家。中等级别的品类采购经理虽然具备丰富品类的执行经验，但不一定能达到制定策略的高度。同样的采购方法和策略在管理不同品类时的不同应用，触类旁通，才能从仅仅执行的层面上升到制定策略的层面。如果想把员工培养成品类专家，可以在他熟悉的某一两个品类的基础上，尝试更换给予他挑战不同品类的机会。有了较为广博的知识积累，锻炼了思维能力，才能逐步培养制定品类策略的能力，以及与需求部门、企业领导层沟通和落实品类策略的能力。

③供应商管理专家。一些老采购在知名企业中工作数十年，和业内知名的供应商有一些交情。这在采购工作中是一个很大的便利。越是优质的供应商，对买方客户越是有要求。有交情、熟悉供方企业的特点并有一定的人缘，能加速与供应企业建立合作关系，避免掉一些因为不了解供应企业而踩的坑。指导这些采购人员在熟悉的基础上分析供应商的潜力和合作意愿，与供应商发展战略合作伙伴关系也是职业发展的一条路径。

（3）情感激励。管理者需要刻意表出现对员工的关怀，不仅是工作，也包括对员工生活上的关怀。这种关怀既要有诚意，也不能过于亲近。要让员工有归属感，对组织上产生信任，知道自己在困难时会有人帮助。情感激励既可以采用物质手段，也可以采用非物质手段。例如，在员工家人生病的情况下，既可以派人上门探望，也可以准备礼物或礼金表达慰问。

（4）鼓励创新。采购管理者结合当下社会趋势，鼓励员工创新，提供培训实践的机会，且组织上承担试错的结果。例如，企业数字化能提升采购效率，但如何数字化，需要员工主动学习并提出创新。这种领先和创新的机会，是留住优秀人才的有效方式。

4. 开人

关于如何开人，这里不讲述因为违反公司合规政策或者其他由于违纪行为引发的解聘决定，仅就对想要解除绩效较差、或工作态度较差的员工时需要遵循的一些规则。开人一定不能是突然发生的，对于绩效差的员工，在采取最终决定前通过多种方式方法改善和提升员工的绩效。其中最关键的举措就是PIP[①]。

PIP是指管理者根据员工有待发展提高的方面所制定的，在规定时限内须达成的工作绩效和工作能力改进与提高的改进计划。很多人认为PIP更像是解聘员工的前奏。管理者应该清醒地认识到，PIP的首要目标是帮助员工提高工作能力，并能转化成一名合格的员工。只有员工无法改进的情况下，才能将PIP作为淘汰员工的工具。无论是从行政手段上，还是从帮助员工进步的角度看，PIP都是避免员工与上级发生激烈冲突，从而缓和矛盾直到最终解除聘用关系的必经之路。

PIP的制定需注意几点：

（1）管理者应列举绩效不达标的事实案例，不带任何主观的评判；

（2）创建SMART[②]目标；

（3）鼓励员工提出改进方案，以及需要的支持；

（4）说明不能达成目标的后果。

二、领导者的风格与团队成长

什么又是权力？权这个字可以引申为权力，也可以解读为权利。权力是指你在某个组织中因为承担某个职位而"应该"具有的影响力。虽

---

① PIP: performance improvement plan的缩写，即绩效改进计划。

② SMART: specific具体的、measurable-可衡量的、attai-nable-可达成的、relevant-具备相关性的、time-bound-时限性的。

然组织赋予了领导者岗位上的权利，但所有的领导者都需要动用他们的影响力来推动组织内的工作进展并取得预期的成绩；并不是仅有岗位权利就能令团队成员信服与追随。权利是指企业组织和规章制度上赋予管理者执行或参与某些事情的通行证。例如，采购总监有在采购订单、付款申请上的签字权，能签署合同及其他法律文件，能参与到企业管理层会议，以及参与制度的制定等。

如何成为一名真正的领导者？首先我们要学会识别领导者的个人特点，以及与他人的关系特点。树立学习榜样是我们能成功的最好方法。在阅读领导学或管理学书籍，并通过观察我曾经工作过的企业中的领导者，典型的领导风格有以下几种。

（1）领袖型。领袖型（魅力型）领导者充满热情和张力，能点燃追随者的激情和奉献精神。他们通常非常擅于描绘组织光明灿烂的未来，这缘于他们通常对所从事的事业非常感兴趣，而自身也坚信这一光明的未来一定会实现。他的热情能感染身边的大部分人，使他们愿意追随他，向他指引的方向前进。苹果公司的乔布斯就是典型的领袖型或魅力型领导的楷模。

有意思的一点是，领袖型或魅力型领导的特点是擅长激发热情，但他们本身有可能不是技术权威，也就是从某种程度上他们的相信是基于自己的热情，而不是自己的专业。无论如何，企业在发展的初期，相信本身就是一种极大的力量，能激发人们克服能否成功的不确定性，笃定、全力地向前奋进。这种非基于专业度的激情有时会被诟病为画大饼，如果事业最终未能获得成功，领袖型领导会受到嘲笑和讥讽。

（2）专业型。专业型（权威型）领导是真正懂得专业的领导者。因为对所在行业、部门职责有着极为丰富的经验，可以说是接触过组织中几乎所有岗位的人。他们乐于传授经验，事事可以亲为，因而不太会害怕员工在背后搞事，或者突然掉链子。因为他们总能自己扛起来。因而权威型领导者本身非常辛苦，他们的弱点是不擅于授权与分摊职责。

（3）社交型。年轻一些的职场人若获得明显高于其年龄和资历的职位时（创意型企业和互联网企业不在讨论范围内），除少数确实有特殊才能外，通常都具有非常擅于搞好人际关系的特点。如果不是能获得管理层的信任和青睐，一般也不会被破格提升。社交型领导者因为不具备丰富的工作经验和较强的专业水准，通常在内擅长搞活团队气氛，笼络团队成员，在外懂得建立人际关系，盘活资源。如果能充分调动内外部的力量，也能获得职业上的成功。

（4）家长型。随着"60后""70后"职场人士逐步退出职业舞台，国内年长一些的具有旧式家长式风格的领导者已经越来越少了。家长型领导者像父辈一般，在工作中既敢于放手锻炼年轻员工，也能容忍员工犯的小错误。除此之外，他们也能敏感地捕捉到员工的情绪，无论这种情绪是因工作还是因生活所激发，他们都会适时疏导和间接性地给予指点。

一方面，领导者往往不只拥有一种风格，通常会同时兼具两种及以上的不同风格。另一方面，我们既要了解领导者的风格和特性，也需要学会识别追随者的不同特征，以便更有效地利用不同的领导风格来管理团队。

下属的风格特点可以归纳为以下几种：

（1）成熟度较低时。当下属资历浅、年龄小或总体上表现出较低的成熟度时，领导者需要给予清晰的指令，并在执行过程中给予具体的指导，这种情况下权威型领导者和家长型领导者容易获得团队管理的成功，能极大提高追随者的职业技能和自信水平。

（2）成熟度上升时。当下属有一定工作经验和技能，且愿意进一步学习和提升时，专业型的领导者是这类员工的福音。他们的优势是技能，因而非常擅长提升员工的技能与自信心。

（3）成熟度较高时。当下属在工作经验、技能、责任心和自信心上都具有较高的成熟度时，社交型（伙伴式）领导者与员工的匹配度更高。这类领导者高度放权，让下属有更大的信心自主行事。当下属遇到挫败和困难时，社交型领导者能从旁观者或者更高领导层级给予鼓励和支持。

第五节　采购职能的价值

社会上对采购人员的专业度，以及他们能为企业创造价值一直存在质疑。在有些企业特别是小型私有企业中，采购部经理或员工往往是企业高层的亲信，或者是从生产部、技术部等部门淘汰下来的员工。这里淘汰下来的员工并不是指工作能力不行，而是因为技术更新迭代跟不上时代、不适应高强度一线工作的人员。因此，采购管理者经常需要自证自身价值。

一、采购职能在供应链中的重要地位

采购职能只是供应链中的一个环节，采购人员不懂供应链，就像完全不懂汽车构造原理的工厂在制造汽车轮胎。

1. 供应链和采购的关系

在采购组织结构中我们讲到：一方面，采购功能的重要性越来越受到企业的重视，这对采购部来说原本是一件好事，有绝对的自主权，不受生产部门、财务部门或供应链部门的制约；另一方面，关系的剥离使很多采购人员只重视采购部需要实现的关键绩效指标，却忽视了与供应链条中密切相关的各部门之间的协作。因为不了解，所以是在后知后觉中呼应，而不是主动配合。

（1）什么是供应链？供应链是通过对信息流、物流、资金流的控制，从采购原材料开始，制成最终产品，最后由销售网络把产品送到消费者手中的将供应商、制造商、分销商、零售商、用户连成一个整体的功能网链结构模式。供应链通过计划、获得、存储、分销、服务等活动，在客户和供应商之间形成一种衔接，从而使企业能满足内、外部客户的需求。

（2）什么是物流？企业中的物流包括供应物流、生产物流、销售物流、回收物流和废弃物流等。采购在供应链中是获得原材料前端供应物流，企业得到原材料并制成产品供应的是中端生产物流，而销售将产品销售给最终用户的是后端销售物流。

采购人员根据企业生产部门或供应链部门制订的材料清单或采购计划寻找供应商、下达订单、催促交货，但少有采购人员去深挖采购计划的制定依据是什么？采购数量和交付日期是怎么确定的？如果不按时按量交付会有什么后果？生产或供应链部门如何预测出一年的采购量？大部分采购人员对上述信息的来源和重要性不了解，只是被动地按要求下单和催单，按企业要求进行价格谈判。由于信息的缺失，采购人员在催单、与供应商谈成本节省时只能是干谈，无法用耽误生产的严重后果、采购量预测数据的来源等形象生动的数据去影响供应商。例如，销售部已经给出了一年的销售预测，生产部根据销售预测制订了生产计划。如果原材料的供应不及时，销售市场上就会缺货，从而严重影响企业的产品销售和利润。生产部根据销售预测推演出生产量，以及原材料采购量的预测，这一采购量预测就成了采购部与供应商谈判的重要数据。图6-3所示的是制造业供应商管理、计划与协同示意图。

从图中可以看，采购职能是供应链中的一部分，采购人员理解供应链的完整流程，在管理供应商和管理订单时，就能知晓轻重缓急，在谈判中更有重点、有更多的谈判筹码。

2. 采购在供应链中的地位

采购在企业供应链中属于前端供应物流，其地位比其他中、后端供应物流更加受到重视。随着全球经济一体化，市场竞争更加激烈，企业与企业之间的竞争转变为供应链与供应链之间的竞争。供应链管理的目的在于追求提高效率，降低成本，提高对客户需求的反应速度。

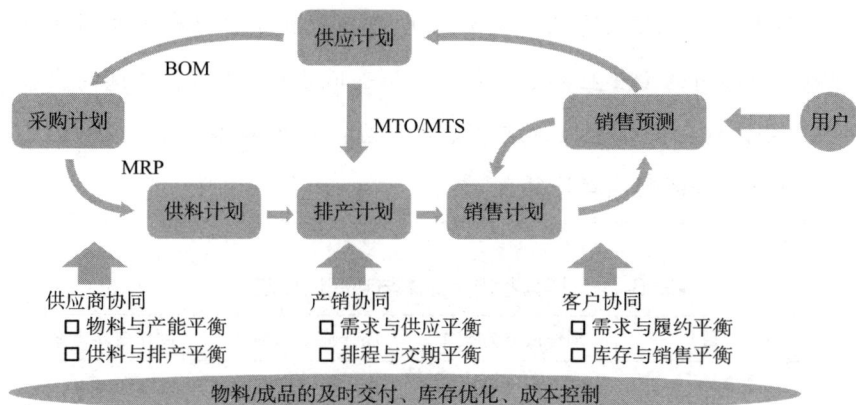

图6-3　供应链协同示意图

在整个供应链上，采购处于制造厂商与供应商连接的桥梁，沟通生产需求与物资供应的联系。一般来说，采购的速度、效率、订单的执行情况会直接影响本企业是否能够快速灵活地满足下游客户的需求。采购成本的高低会直接影响到企业最终产品的定价和整个供应链的最终获利情况。

在供应链大环境下，采购部不能再被看作是只会三家比价的"简单执行者"，一个合格的采购人员应该懂供应链、销售与市场、资金流、企业经营与发展战略。这样的要求初看似乎严苛，但采购人员如果想要获得长远发展，实现个人职业成长，懂得再多也不算多。当我们把时间拉长，资深的采购人员特别是高级管理人员的价值会越来越被重视。

二、采购绩效对财务数据的影响

采购在降低成本上起到的作用已经被广泛认可，采购对企业财务数据的影响不仅仅体现在成本上。采购绩效能影响企业的利润率、流动资金、资产利用率，以及企业的发展和竞争力。

1. 采购成本的降低对企业的利润率的影响

【案例】

品类采购经理汤慧在一家视频广告公司负责管理第三方制作合作商。该公司的主营业务是为中小型企业拍摄视频广告，普通的广告一则3分钟视频宣传片报价在10万元左右，利润率约20%。表6-12是一则视频广告的利润额计算表。

表6-12　视频宣传片成本与利润计算表　　　　单位：元

项　　目	制作成本方案1	制作成本方案2	制作成本方案3
销售价格	91 000	91 000	91 000
第三方制作成本	52 000	51 480	49 400
运营成本分摊	20 800	20 800	20 800
利润额	18 200	18 720	20 800
利润率	20%	20.57%	22.86%

假设汤慧将第三方制作成本降低1%，即520元。这节省下来的520元就是实打实的利润，那么利润增加了多少百分比呢？即：520÷18 520=2.8%。

在这个例子中，采购成本降低1%，利润额在原来的原基础上就会增长2.8%。如果按每年采购降本指标5%计算，5 2000×5%=2 600（元），则利润额较之前就会增长2 600 ÷ 18 200=14.28%。

2. 采购决策对应付账款的影响

采购决策对资产负债表上的流动负债，应付账款有直接影响。采购人员与供应商洽谈所供应货物的支付期限和条件将影响企业流动负债的水平高低，以及企业的现金流周期的长短。应付账款类似于一种短期融资方式，企业可以利用较长的还款账期达到增加资金流动率与现金流的作用。

采购人员与供应商谈判的支付账期是采购绩效的衡量指标之一。对于大型零售型企业，采购人员通常需要与供应商争取60天，甚至是90天的支付账期。采购人员在谈判账期时需要警惕过分延长支付账期的风险，不仅有因为压榨供应商而引起的名誉危机，也有可能造成供应商的资金困难而迫使双方的合作不得不中止。如果是关键性供应商，合作中止会造成企业的供应中断，从而引发一系列的问题。

三、采购部在企业风险管理中的作用

财务数据是企业生存与发展的关键指标，但它绝非衡量企业成功与否的全部。企业声誉的维护同样至关重要，一旦受损可能顷刻间毁掉一家企业。例如，2008年奶制品行业的三聚氰胺事件，2021年药品行业的毒胶囊事件等。使多家知名企业受到重创，甚至国内的整体行业信誉度都受到了消费者的广泛质疑。

任何一家企业首先要在法律框架下运营，对于购买或销售受到严格监管的材料，或提供严格监管的商品或服务的企业，往往会采用复杂的合规方法来跟踪和保证企业不会面临合规风险。合规管理的前提是企业设立健全且合理的采购管理体系，遵照这样的采购管理体系能够有效地支持企业经营战略。

采购职能所起到的作用是防范企业遭受合规风险，具体包括：

（1）供应商风险。协同质量部门严格审核和选择供应商，保证生产原料的来源及制作过程符合国家法律法规设立的标准，杜绝外部风险。

（2）合同风险。采购合同中列出的条款旨在减少风险，保护企业免受潜在的损失，如可能扰乱正常运营的供应链短缺等。提高供应商对这些条款的合规性，可以提高企业整体采购合规性评级。

（3）流程风险。企业的从请购到付款P2P流程涉及从提出采购申请的使用部门、执行询比价选择供应商的采购部门、审阅及批准合同的法务部门，以及执行付款的财务部门。采购部的职责是确保采购政策和流程在执行过程中严格约束各部门参与者的行为，杜绝内部腐败与不合规事件的发生。

（4）采购系统风险。企业的P2P流程借助信息系统实施已成为普遍的管理模式。采购系统的功能非常强大，包括了多途径采购功能、订单管理、发票管理、供应商供货管理、业务流程设计、资料联查、多级审核管理等多种与采购相关的功能。正因为企业越来越依赖系统实现流程的执行和管控，在设计与运行系统功能的实践中，采购管理者需要敏锐地发现系统中的不完善处，以及监管的漏洞，及时提出功能改进的建议，不断推动系统的优化，更加严格地控制系统引发的企业风险。

思考与练习

（1）回看一下你今年的关键业绩指标，是否有具体数字指标？如果没有，如何能具体量化？

（2）你的领导或下属是什么类型？

（3）如何成为更好的领导或下属？列出至少三点。

（4）描述一个你为用户部门解决问题而获得赞许的例子。

第七章

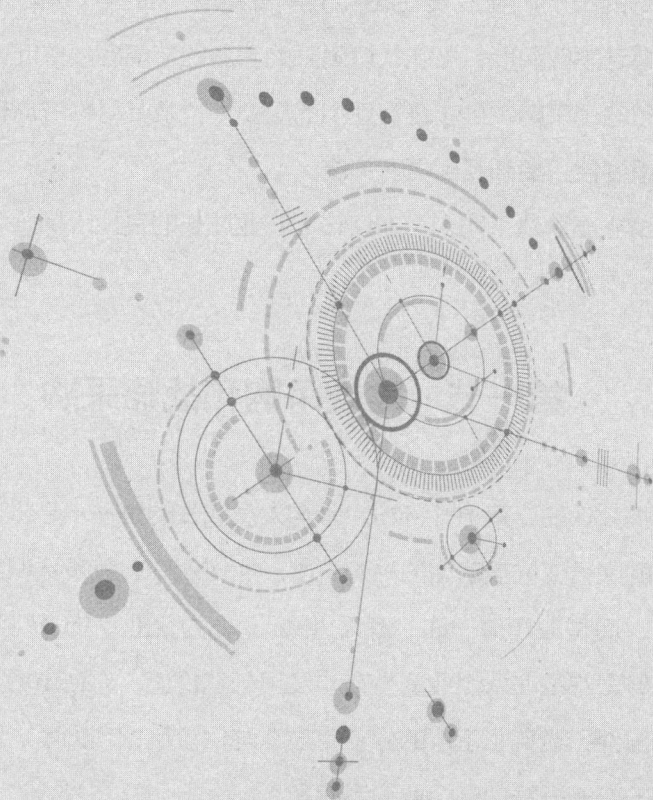

采购人员的进阶之路

采购人员的职业发展在社会上常遭误解。有些人认为采购岗位门槛低，缺乏职业深度，未能认识到采购职业的广阔发展空间。然而，这些看法忽略了采购在供应链管理中的重要地位及其对物资周转的重要作用，其重要性正逐渐受到更多关注。

本章主要讲述采购人员如何踏上职业成长的良性阶梯。

第一节　常规采购和战略采购

先提升认知，再提升行动。采购人员成长的第一步是将自己从操作型的采购人员变成战略型的采购人才。换句话说，就是认识到你不是在"搬砖"，而是在建造一栋"摩天大楼"。你为企业的物资购买所付出的每一分努力都是在为企业的生存与发展创造价值；你在市场紧缺时抢到的一个配件，避免了工厂的停工；你在与供应商据理力争、洽谈合同时所省下的每一分钱都是企业的利润。

一、采购人员一定要了解常规采购和战略采购的差别

采购人员或者说几乎所有职业的发展路径不外乎两条：垂直型，就是成为某个特定方向的专家；横向型，就是培养综合能力，成为管理者。我们在下一小节会重点讨论如何成为采购专家和采购管理者，但在通向这两条路的终点前，采购人员必不可少的一个阶段是提升自己的战略采购能力。如果不知道什么是战略采购，总是停留在日常事务的操作性采购，工作再多年也只是单纯的重复，无论是专业能力，还是管理能力都很难有大的提升。

【案例】

杨晓已是45多岁的年龄，在采购领域征战多年，却仍然只是一名采购主管。她想不明白自己为什么一直得不到提升。这其实是很多老职场人的困惑，觉得自己可能有些欠缺，却不知道缺在哪，如何提高。

战略采购这个词已经是一个耳熟能详的词汇，好像人人都在谈战略、制定战略。那究竟什么是战略采购？哪些工作是战略采购，哪些工作又是常规操作性采购？战略采购是由著名咨询企业科尔尼于20世纪80年代首次提出的。科尔尼致力于战略采购研究和推广工作，已为全球500强企业中的三分之二提供过战略采购咨询服务。

战略采购是一种有别于常规采购的思考方法，它与普遍意义上的采购区别是：前者注重的是最低总拥有成本；后者注重的是单一最低采购价格。简单地说，战略采购是一种系统性的、以数据分析为基础的采购方法，是以最低总拥有成本建立服务供给渠道的过程，而常规采购是以最低采购价格获得当前所需资源的简单交易。

最低总拥有成本指的就是最低TCO（total cost of ownership的缩写）。当我们需要采购一项设备时，我们通常会对初始报价做出反应，太贵或者比较合理。实际上，设备的初始价格往往只体现了该设备在整个使用周期中在总成本中的占比，设备所需要消耗的能源、维护保养、维修等成本可能是设备采购价格的几倍。

因而当采购一项设备时，除了单机设备价格，还应考虑和比较如下成本：

总拥有成本=单机采购价格+运营成本+维护成本+停机成本-残余价值

战略采购用于系统地评估一家企业的购买需求及确认内部和外部机会，从而减少采购的总成本，其好处在于充分平衡企业内外部优势，以降低整体成本为宗旨，涵盖整个采购流程，实现从需求描述直至付款的全程管理。

这几段信息含量很高,每个概念都不算难懂,但如何落实到具体工作中呢?我们先从杨晓的日常工作展开,简要分析一下哪些工作是战略采购,哪些工作又是常规操作采购?以小窥大,希望能揭开战略采购的面纱,让更多采购人员看到它的真面貌。

1. 供应商评价和选择

供应商评价和选择是战略采购最重要的环节。选出对企业战略有直接或潜在贡献能力的目标供应商群是采购人员应具备的一项专业能力。

若是常规采购,在收到某产品的采购申请时,杨晓会通过自己的渠道找两到三家供应商,将产品清单、规格要求发给供应商询价。收到报价后,通常会签约价格最低的供应商。

若是战略采购,需要遵循以下基本步骤:

(1)数据收集与分析。分析该产品归属品类,收集该品类产品历史采购数据,以及未来一到两年内预期采购频次和额度,同时了解产品的稀缺性,通过这些数据分析企业的采购力,确定参与供应商的基本资质要求,包括注册资本、成立年限、年营业额、专业经验等。

(2)供应商市场调查。根据基本资质要求收集潜在供应商名单,通过调查问卷的方法,核查供应商是否具有该产品领域的专业能力、其财务能力、经营状况、生产能力、配送体系等要素,通过比较后确定拟邀请参与竞标的供应商名单。也就是说,一方面,供应商的比较必须是建立在同等条件下的比较上,规模和实力相差巨大的供应商本身没有可比性;另一方面,采购方应尽可能找"门当户对"的供应商,采购力弱的企业与高大上供应商的合作获得的性价比较低,若和太小的供应商合作虽然价格有优势,但存在着不稳定的风险,管理上的难度也会加大。

(3)确定采购方式与流程。最常用的采购方式是发征询方案函,这是外资企业中的招投标，它和国企、政府采购所用的招投标有较大差别。征询方案函流程邀请通过预审的供应商按指定格式在规定时限内提供方案与报价。

（4）选择供应商与合同谈判。经过一轮或二轮方案和价格比价，跨部门小组根据评分表制定的考核要素对供应商打分，最终确定中标供应商。在进行采购条件的谈判后，签署商务合同。

（5）项目实施。如果涉及新旧供应商的更替，需要与旧供应商签署中止协议，然后对新供应商进行培训，保证与新供应商的合作能顺利进行。

（6）衡量及评估执行情况。产品是否准时交货、安装试运行服务是否到位。采购人员并不是签署完合同其工作就结束了，而是要定期跟踪供应商的表现，以建立长期合作为目标，发展稳固的供应商关系。

【案例】

某日化集团采购部在对全年礼品的采购数据进行分析后，制订了以下战略采购计划：

①现有采购状况的观察。该集团礼品采购年度总额为1 200万元，单笔采购订单金额小、品种多，规模效应差，无法有效地降低成本。由于计划性差，操作时间短，供应商没有充裕的备货时间，造成拿货成本高，不能提供丰富的产品选型。

②目的与目标。选择贴合企业品牌形象的特色礼品，建立全年礼品库，礼品季度更新，建立电子图册及实物样方便查询与挑选；制定目录采购流程，以缩短采购周期，提高采购效率。

③项目时间推进表。确定分步骤，考察供应商、提案、准备实物样品、内部展示会、制定目录采购流程的时间节点。

④品类分析。要求供应商根据常用品类推荐5~10个单品参与竞争。品类划分为家纺类、电子产品类、金属制品、塑胶制品、服装类、创意类及箱包类。

⑤数据收集。利用表7-1数据收集模板，向供应商征求推荐不同礼品的详细信息。

表7-1　数据收集模板

供应商名称	
推荐产品、品牌	
产品品类	
推荐理由（市场销量佳、竞品送得好等）	
产品描述	
价格范围	
生产周期	
最小起订量	
推荐来源（杂志、网站、展会、竞品）	

⑥评选小组成员评定入选礼品。含采购部、市场部，以及其他部门的代表参与。

2. 供应商发展战略

供应商发展是战略采购的重要工作之一，是采购方为提高供应商业绩或能力以满足企业长期或短期供给需求对供应商所作的全部努力。这些工作包括：与供应商就关键问题进行面对面的沟通，帮助供应商解决技术、经营困难；当供应商绩效有显著提高时，给予某种形式的回报或鼓励。

若是常规采购，因为采购量较小，杨晓既负责直接物料的采购，也负责部分间接物料的采购。对于直接采购供应商，杨晓每年会收集生产和供应链部门的意见，对供应商当年的表现打个分数。质量部门对供应商的审计是独立进行的，和采购部主导的绩效评分并没有组合在一起。这一打分制度逐渐成为例行公事失去了真正的意义。对于间接采购供应商，绩效评估从来没有。表现不好的供应商直接换掉。合作平稳的供应商既没有年度的价格衡量和比较，也不从市场上搜寻更具竞争的创新供应商。单一最低采购价格成为工作的全部目标和指导方针。

若是战略采购，需要通过收集和汇总特定品类的采购数据，发现杨晓负责的工厂MRO品类年度采购额有100万元之多，近几年来供应商更换频繁。该品类近80%的采购订单达不到企业规定的比价限制，也就是说这80%的订单产品是未经比较和判断是否为市场最优价格而采购进来的。

【案例】

采购总监陈品指导杨晓启动该品类优选供应商招标项目，通过预审供应商资质，梳理和确定重复性多频次采购物品清单，邀请预审合格的供应商提供报价及服务方案，通过比选确定优选供应商名录并签署年度协议价格。对优选供应商名录中的供应商每年进行绩效评比，根据绩效评分和价格优势分配采购量。两三年后重新进行优选供应商比选，保证引进市场上更具竞争力、更为匹配的供应商。

3. 供应商分级、结构调配

在战略采购指导原则下，企业和供应商致力于发展长期合作、双赢的交易关系。

若是常规采购，供应商零散、数目多且能力参差不齐。杨晓所负责MRO品类中有为数众多的小规模的贸易商，俗称万金油类供应商，除了房子不敢造，什么都敢卖。

若是战略采购，需要建立优选供应商清单，清单中供应商的规模、类型不是单一、重复的。根据企业的实际需求，既要寻找有综合能力，能提供整合解决方案的供应商，也要保留价格和反响速度具有优势的小而美的供应商。

4. 降低总采购成本

战略采购要建立的不是简单的买卖关系，而是要进行产品、服务、流程的优化组合，以此来降低总采购成本。

若是常规采购，单一项目对供应商的吸引力有限。杨晓负责的活动类采购既包括会场搭建、视频制作、视觉设计和物料供应在内的大型综合性活动，也包括一些只需要单一的视频制作或视觉设计、或物料供应的小活动。因为年度采购量不算大，吸引不了综合实力强的供应商。经过四处搜寻，终于找到四五家规模不一的供应商前来应标。比稿的过程千篇一律，所谓创意不过是旧瓶刷上新漆。一旦签约后，连刷新漆的动力都不足。

若是战略采购，需要根据战略采购步骤对去年活动类型的数据进行分析，汇总如下：

【案例】

采购金额在1万元以下的会议服务占据大多数，会议次数占总数量的84%，会议支出占总金额的9%，其中主要服务项目为电子海报、易拉宝画面的设计和制作。

采购金额在1万元~5万元之间的会议服务数量少，多为卫星会展台的搭建。

采购金额在5万元以上的会议服务多为企业活动和临床部门的研究者会议。无论活动金额大小，基本上每次会议服务都会涉及到会展设计与制作服务。

表7-2是创意服务品类订单分配表，表7-3是会议服务细分子品类的采购额占比表。

从表7-3的数据中能看出，视频制作采购开支占2023年总采购额的37%，是占比最高的一项子品类服务，同时视频制作对供应商的专业度要求最高。

【案例】

在陈品的指导下，杨晓邀请了三四家专业视频制作企业参与优选供应商竞标，重点考核指标是视频创意、制作班底和制作能力，最终签约了一家长期合作的专业服务商，并针对基础服务项目及制作价格签署固定费率。另外，杨晓还邀请了四家中小型会展企业参与活动类优选供应商的评选，重点考核目标执行能力、物料价格，以及视觉设计能力等，最终签约了两家作为活动类优选供应商。视觉设计能力最突出的企业，获得了全年主视觉形象设计与延展设计的合作签约。

通过这些竞标项目，采购人员可以将简单小额的视频项目优先授予签约视频服务商，而简单、小额度的设计项目不需要再组织供应商比稿，可直接授予签约的设计公司。遇到大型综合性项目，可以通过比稿和比价的方式，既可选择两到三家小供应商组合提供服务，也可选择一家综合服务商提供全套服务。同时，采购人员能牢牢掌握采购形式和供应商的选择权，不会受制于单一类型的供应商。

长期和同一类型供应商合作的劣势在于，供应商之间没有充分竞

表 7-2 创意服务品类订单分配表

产品品类	供应商名称	2023年采购量（元）	订单总数（个）	小于1万元的订单				大于1万元小于5万元的订单				大于5万元的订单			
				订单额（元）	占比（%）	订单数（个）	占比（%）	订单额（元）	占比（%）	订单数（个）	占比（%）	订单额（元）	占比（%）	订单数（个）	占比（%）
创意服务	A	150 868	49	76 294	9	46	84	74 573	49	3	6	0	0	0	0
	B	654 774	6	0	0	0	0	45 719	7	2	33	609 055	93	4	67
总金额		805 643	55	76 294	9	46	84	120 293	15	5	9	609 055	76	4	7

表 7-3 会议服务子品类采购额占比表

子品类	2023年订单额（元）	2023年采购占比（%）	订单数（个）	订单占比（%）
会展物料	261 580	32.5	25	29
视觉设计	54 823	6.8	51	57
直播	100 852	12.5	2	2
视频制作	294 857	36.6	4	4
人工	93 530	11.62	7	8
总金额	805 642	100	89	100

争，因而不能充分发挥多样化供应形态的优势。每个项目，无论大小都要组织供应商比稿，对供应商而言是一种长期的慢性伤害。优选供应商、多样化供应形态带来多赢的格局。

5. 数字化采购

数字化采购能减少企业内部系统的资源占用进而降低企业的运营成本，采购效率更高，采购价格更透明低廉。数字化采购将逐渐成为战略采购的重要措施之一。

若是常规采购，采购人员疲于应付订单操作。

【案例】

杨晓负责的MRO品类，一年采购订单量数目较大，1万元以下的小额订单占了80%的采购工作量。有如此大量的采购订单，根源是企业没有仓库用于存储常用备品备件，需求部门也没有采购计划，没有指定提采购申请的负责人，因而造成随意提申请、随时下订单的现状。

若是战略采购，除要求需求部门指定提采购申请的负责人、按周期制订采购计划外，最有效的缩减小额订单的方法是数字化采购，即签约电商采购平台。电子采购平台支持线上订购小额且高频的物品，这种模式已经逐渐成熟，其采购流程贴近企业的需求，能高效解决随时下单随时送货的需要。

关于数字化采购的概念、理论与实例将在本章第四节中详细讲解。

二、企业如何实现从操作性采购向战略性采购转型

第一，从组织结构上，确定品类为采购人员的任务分配基础。关于采购品类管理在第三章中有详细的论述，可参照阅读。

第二，制定供应商管理策略与流程，从以订单管理为核心的采购模

式转变为以供应商管理为核心。严格把控新供应商的引进，组织年度或者在必要时进行供应商绩效评估与管理。

第三，加强采购自动化系统的功能，用自动化的管理代替人工操作。在各方面条件具备的情况下，逐步扩展采购数字化的应用。

第四，加强采购人员的专业技能培训，学习最新的采购理念，通过提升团队能力加快团队的战略转型。

第二节　采购人员的职场竞争力

采购人员的职业发展路径简单来说有两条：一条是纵向发展，成为特定产品或服务品类的采购专家；另一条是横向发展，在熟悉多种品类采购管理的同时，培养领导力，成为采购部门的管理者。无论选择哪条路径，都需要不断学习和积累经验。

一、采购职业发展的路径

采购职业发展路径可以分为四个层级，即初级、中级、高级和顶级从业者，如图7-1所示。

（1）初级从业者。它是指采购助理、跟单员，以及具备1~2年从业经验的采购人员。

（2）中级从业者。它是指中小型企业的项目采购负责人、品类采购负责人，以及从业3~5年的采购员。

（3）高级从业者。它是指中小型企业的采购部经理或总监、大型及超大型企业的品类采购总监、项目采购总监，要求至少具备5~10年的从业经验。

图7-1 中各层级文字内容：

初级从业者

基础采购技能
· 采购谈判技巧
· 价格分析
· 熟悉合同法
· 采购实操
· 寻源
· 技术性采购

虚心学习和请教、勤奋主动、忍耐性强，切忌玻璃心

中级从业者

全球采购管理
· 项目采购管理
· 基础（高级）全球采购技能

基础采购技能
· 采购谈判技巧
· 价格分析
· 熟悉合同法
· 采购实操
· 寻源
· 技术性采购

能随强大的工作负荷，调节来自各方面的压力

高级从业者

企业范围内的采购影响力
· 基础（高级）财务知识
· 库存管理
· 供应链质量

全球采购管理
· 项目采购管理
· 基础全球采购技能
· 高级全球采购技能

基础采购技能

处理好各方面的关系，承上启下。有战略眼光，有包容心

顶级从业者

企业范围外的采购影响力
· 社会责任
· 供应链可持续发展
· 供应渠道多样性
· 执行领导力

企业范围内的采购影响力
· 基础（高级）财务知识
· 库存管理
· 供应链质量

全球采购管理
· 项目采购管理
· 基础全球采购技能
· 高级全球采购技能

基础采购技能

有一定野心、具备果断与坚定的特质

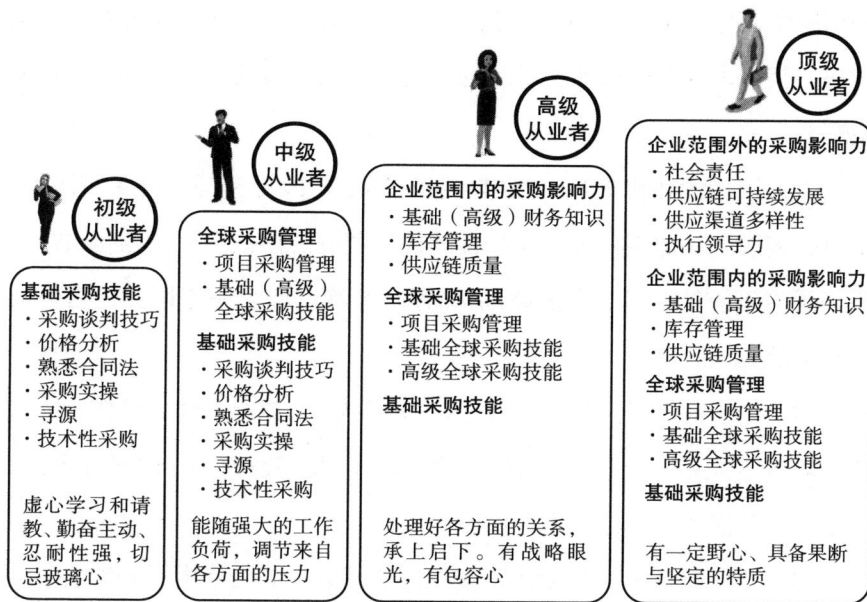

图7-1　采购职业发展的四个层级

（4）顶级从业者。它是指大型或超大型企业的采购部总监、采购VP、采购总经理、首席采购官（CPO），要求具备10年以上的从业经验。

1. 纵向发展可成为采购专家

采购作为一种职业，其成熟度越来越高。在这个职业领域中出现了更多细分的岗位，对采购人员的专业度要求也各不相同。下面列举几种岗位名称作简单的解析：

（1）品类采购经理。专注于某个品类的采购管理，要求熟知该领域的产品知识，掌握丰富的供应商资源，能根据企业业务形态和供应市场趋势制定符合企业发展的采购战略。

（2）采购分析员。专注于采购数据分析及采购绩效管理，包括供应商主数据、采购价格主数据的建立，主数据的审批流程与管理措施；分析采购开支数据、供应商数目增减、成本增长和削减、采购部门的其他

KPI值的变化。将采购数据汇总、分析、得出结论并制作成报告，供采购部门负责人、企业管理层以此为基础做出采购决策、和制定企业发展策略。

（3）流程优化管理员。通常包括编写、持续更新与完善采购流程、工具、模板，并定期检查采购流程的执行情况。根据出现的偏差进行优化。采购系统的管理，如SRM系统等，通常也包含在流程优化管理员的职责范围中。

（4）供应商管理经理。专注于供应商寻源、评审、建立合作、绩效管理、推进关系进一步向战略合作发展，以及在绩效不佳时督促改进，必要时妥善淘汰不合格的供应商。

（5）订单管理员。主要负责根据采购计划，向合格供应商库名录中的指定供应商下达订单，追踪订单并保证产品及时保量保质交付。

这几个角色都是纵向发展的方向，每个细分领域都有机会成为经验丰富的专家型人才。相对而言，品类采购经理、供应商管理经理是更多采购人员的目标方向。数据分析员和流程优化管理员的岗位需求量相对较小，其重要性没有受到足够的重视。订单管理常常被看成助理型岗位，实际上，在大型生产企业，订单管理员有权利根据供应商绩效分配订单量、并为供应商管理员在供应商绩效评估中提供占据足够分量的评估意见，能在一定程度上决定一家供应商在企业方所占比的业务量大小以及发展趋势。

2. 横向发展可成为采购管理者

一名高效的采购管理者需要具备多种品类的采购管理经验，最好是具有全品类管理经验；需要熟悉流程，有能力制定、优化和细化流程并持续改进和完善；具备卓越的沟通能力，能与各利益相关人保持合作共进的关系，擅长团队激励，能抵抗巨大的工作压力；不仅对采购业务有丰富的经验，同时需要熟悉位于供应链前端的销售预测、计划，以及物流、仓储、客户服务等。只有了解全局才能更高效地进行采购决策。

采购管理者并不是职业规划的产物，作为采购人员，做好交给自己的每一件任务，替企业解决供应中的难题，勇于挑战新的工作机会，不断学习新的采购理论与趋势，职业的成长是自然而然的结果。

【案例】

一家知名工程类企业的采购部先后入职了两名采购助理，先进入采购部的助理窦瑶被老板提拔为项目采购工程师。另一名采购助理陈稚除负责助理工作外，偶尔也会负责一些行政办公物品和服务的询价及签约。他也希望有机会从事采购与供应链相关的岗位。因为项目采购对技术要求非常强，既要看懂图纸，又要了解机械设备原理等，窦瑶做得不是很顺利，一年后离职去了一家消费品企业做间接采购。因为她在该工程企业转岗为采购工程师不成功，导致陈稚没能顺利转为采购业务岗位，于是自谋出路，跳槽到一家制造型企业，和窦瑶一样也是做了间接采购。

窦瑶因为有过直接采购的工作经验，虽然只有短短一年时间，却因为拥有知名工程类企业的背景，帮助她在几年后再次换工作时获得一份同行业直接采购的工作。窦瑶从事的是战略性的品类采购，在熬过几年的职场倦怠期后，幸运地得到升迁，直到接替老外成为采购部总监（从中级到高级）。

陈稚在间接采购岗位上因为负责了几项重大的项目，很顺利地升到部门经理（中级），之后跳槽到快消品、医药企业做间接采购部门负责人。途中创业，再度返回职场后，在一家医药企业担任采购部总监，管辖范围既有直接采购，也有间接采购（从中级到高级）。

技术背景是中级从业者最为需要的，而能进阶为高级职位的采购人员往往是遇到了一些特殊境况，如窦瑶遇到了总部推行全球品类战略采购，而陈稚遇到了新工厂建设期间的大批固定资产采购、SAP系统上线以及组建采购团队。在这些特殊境况或困难面前都能抗住压力取得成绩，因而顺利晋升为高级采购管理者。

二、采购领导力

为什么要把采购管理者和采购领导力分开在不同章节讲述？因为采购管理者是行政职权，是岗位所赋予的一种权力和职位，而采购领导力则是每一名采购人员都应具备且应不断提升的能力。采购领导力是管理周边关系、动员他人支持自己、实现工作目标的能力。它本质上是一种人际关系技能，或者说是一种影响他人的能力。由于采购工作是一项要求复合能力强的职业，因而采购领导力是采购人员需要具备的一种素质。

采购领导力体现在几个方面：

（1）聚焦战略目标。具备领导力的采购人员，在执行采购任务的过程中不会因为各种干扰忘记原定目标。在采购业务中，合规、成本和效率是最经常提及的几个关键词，对于初入职场的采购人员，经常会因为需求部门的催促而忽略掉严格按合规要求执行采购流程，一旦偏离流程，过程和结果都会受到影响。始终聚焦目标，不受干扰，是采购人员应具备的领导力之一。

（2）协调各方关系。采购人员在完成一项采购项目的过程中，经常需要扮演中间协调人的角色。例如，采购人员将业务部门的采购需求传达给供应商，将供应商的疑问回传给业务部门；业务部门对产品和服务不满意时，采购人员是调查缘由，督促供应商提出解决方案，平息内外部不满的协调人。此时的采购人员不应该是一个没有附加值的传话筒，而应该是一个能看清问题根源，推动并最终确定有效解决方案的领导者。

（3）抗压能力。在面对强势的供应商、级别更高的业务部门同事、事无巨细抠细节的内控部门、对单据要求完美的财务部门时，采购人员既不能害怕权威，不敢坚持应该遵守的政策和流程给供应商或业务部门同事开绿灯，也需要足够耐心地准备材料、准备事实来应对内控部门及财务部门的监管。

（4）冷静沉稳。在面对意外、挫折和压力等各种负面状况时，能保持良好的心态，稳定的情绪，有进行理性思考的能力。

第三节 采购人员的进修与提升

采购人员在职业发展过程中，不可避免地会遇到挫败与停滞，甚至可能萌生跳槽、转岗的念头。在低谷期如何自我调适？怎样才能获得稳定且快速的职业提升？

一、采购人员如何选择进修方式

经常有朋友问，从事采购工作是否要考取采购管理相关的认证证书，是否需要考取与采购供应链相关的研究生，是否需要攻读工商管理硕士（又称MBA）……

采购人员的职场成功是工作技能、实战经验与人际关系的结合，认证和文凭能提升职场竞争力，但什么时间，选择哪种方式，需要根据自己所处的职业发展阶段来判断。过早或过晚去学一个证书或文凭，对于大多数采购员而言是一种时间和金钱的浪费。

1. 有一两年采购经验的职场新人

我们会发现大部分中小型企业没有成熟的采购内部培训体制，因而对于采购职业新人，无论是哪个专业毕业，都只能自己摸索着向前走，很容易产生迷茫的心态。这时就会有人想通过考研、考证来获得提升和突破。

我建议采购人员在工作一两年之内，只需购买与你行业相关的最基本的采购书籍，包括采购流程、采购项目管理等，阅读其他书籍，如谈判、品类管理、战略管理之类的还尚早。采购行业有很多细分领域，不同领域涉及的工作方法也千差万别。刚进入采购行业的新人，首先需要重点熟悉自己所在的行业特点、基础的采购专业知识、人际关系特点等。只有遇到了一定的困难和问题，学习和培训才更有针对性。太早参加培训和深造犹如纸上谈兵，没有实际用处。无论是获得企业内部提升，还是去应聘外部岗位都不会有太大帮助。

2. 有三到五年采购经验的职场中人

有了一定的采购工作经验积累，对行业有了一定的认识，对自己所欠缺的技能、所处的职业发展阶段有了初步的理解，这时可以有针对性地去参加外部培训或获得采购资格认证。

近些年各类资格认证以及采购培训课程越来越多了。关于资格认证，下一小节会详细介绍几种最常见的认证证书。至于各类培训课程，采购人员在做选择时，应该更关注培训师是否有同行业或类似行业中的采购工作经验，以及是否认同其管理理念。

3. 采购中层管理者

中层管理者，如品类采购经理、项目采购经理或者中小型企业的采购部门经理，他们是最有经验的实干家，最苦最累的活都是中层管理者在顶着。虽然企业在招聘中层管理者时一般不会太看重学历和证书，而是看重经历和经验，但如果想提升到更高级别职位，如采购总监、供应链总监等，还是非常有必要去读采购与供应链方向的MBA或者硕士研究生，一方面是学位加持，另一方面是理论加持。

二、采购专业的学历教育

近年来，越来越多的高校增设了采购与供应链管理专业。企业在招聘采购人员时，也开始重视采购专业的毕业生。本科或者硕士学习采购与供应链管理专业，能学习到基础的采购、供应链管理理论，也能为学生提供一个进入采购行业的机会。由于采购工作是一个技能型的工作，主要是靠实操才能领悟，仅靠书本知识，很难掌握采购理论的精髓；建议在学习过程中多找实习机会，无论是否与采购工作相关都能有益处。在某个行业领域积累了经验再转做采购会更具有优势。

MBA是锦上添花，越是所在行业和企业的发展机会多，越有必要学习MBA课程或者采购与供应链管理硕士。越是行业内发展空间不大，如在一些传统行业的小型企业，或者不规范的私营企业工作时，学习投入越大反而回报越小。这就好比社会交情，能力匹配交情才更牢固，雪中送炭总是少数。即使你在参加培训和在高校学习的过程中非常看重人脉的积累，如果自身能力、经验和背景有限，别人即使想帮你也帮不到太多。

三、采购领域的专业培训

建议从事采购工作的采购人员去参加院校或权威培训机构组织的专业培训和非考证培训，在通过考试后获得相应的认证与结业证书。

1. 专业培训证书

市场上主流的采购与供应链管理类证书有如下几种：

（1）CPSM[①]认证。它的前身是CPM认证，即注册采购经理认证。美国供应管理协会（亦称ISM）在全球供应管理领域的影响力源于他推出的注册采购经理职业资格认证项目，是全球最早，也是最权威、最具影响力的采购职业认证体系。通过ISM注册CPM认证，已成为全球跨国企业采购总监、采购主管、采购经理个人职业追求的目标，也成为衡量采购从业者能力的一个重要标准。

（2）CPPM[②]认证。CPPM认证是美国采购协会（亦称APS）资格认证，也是目前唯一获得中国人力资源和社会保障部批准注册的国际采购管理职业资格证书，具有良好的通用性、广泛的代表性和国际权威性。因为是人力资源和社会保障部批准注册的海外采购认证，在中国的知名度最高，应用也最广，也是推广力度最大的认证。

（3）SCMP[③]认证。SCMP培训认证项目是国内供应链领域唯一的专业的培训知识体系，在吸收国外专业知识体系的精华的同时，紧密结合中国国情，更贴合中国社会经济发展状况与企业管理需求。

（4）CIPS[④]认证。英国皇家采购与供应学会具有80多年的历史，是国际采购与供应链行业的研究与认证中心。CIPS认证在国际上享有盛誉，得到世界五大洲的120多个国家的认可和采用，也得到众多国际专业组织（联合国等）的广泛认可，并得到了众多著名大学的认可。

如果你一直在内资企业工作，由中国采购与物流联合会推出的SCMP认证更能得到认可；而美资企业对CPSM更为认可。同理，在欧

---

① CPSM: certified professional in supply management的缩写，即注册供应管理人士。
② CPPM: certified professional purchasing manager的缩写，即注册职业采购经理。
③ SCMP: supply chain management professionals的缩写，即供应链管理专家。
④ CIPS: chartered institute of purchasing and supply的缩写，即英国皇家采购与供应学会。

洲企业工作，首选CIPS认证。至于证书的权威性，越是难考、越是稀缺的含金量就越高。

对于职业发展良好的采购人员，获得MBA或CPSM等采购管理证书，相当于是锦上添花，为自己获得更好的提升机会增加砝码。若工作资历在内部和外部都不太具有竞争力时，参加单项技能培训或采购考证能系统性地学习专业采购知识，使自身的工作能力更加过硬，也为换工作时提供一个加分项。

2. 非考证培训

采购人员可以通过技能型的单项培训针对个人的薄弱点进行学习，以增强采购相关技能的深度。与学历教育、认证培训不同的是，单项培训是为了增强技能的广度和深度，与自身的职业要求更为贴切。

单项培训有针对某项技能的，如采购谈判、供应商管理、战略寻源管理等的采购培训；有针对品类管理的，如差旅采购、固定资产和MRO等的采购培训；有针对行业的，如汽车行业、石化行业等的采购培训；也有针对通用技能的培训，包括采购中的沟通技巧、领导力、数据分析，项目管理等，这些技能都是采购工作不可或缺的能力。

四、采购人员的日常修炼

除专业学习外，采购人员在平时需要读哪些书籍、接触哪些人群，以帮助自己的综合能力提升及职业发展提升？以下建议仅供参考：

（1）采购专业书籍。如采购流程设计、采购项目管理，采购品类管理、供应商管理、采购谈判、采购领导力、采购素质修养等进阶书籍。采购类图书林林总总，各自从不同角度分析和总结了采购工作所需的技能，以及采购职业发展的经验分享，大家可按需选择。

（2）综合性书籍。如心理学、哲学、商业财经、管理学、行业趋势、名人传记等。阅读通用类书籍能提升采购人的思维广度和深度，保持敏锐的判断力，在遇到复杂的场景时能利用综合性知识解决问题。

（3）积极参与各类采购活动。如行业展览会、联谊会等，与最新业态保持同步，与同行定期沟通扩展视野，积累更多人脉与知识经验。

（4）定期向老领导、老同事请教。采购是靠经验积累的工作，老前辈走过的坑可能比你走过的路还要多。把他们当成你的职业导师，多请教能让你避免风险，获得启发。

第四节　采购的发展与未来

一、全球采购的兴衰

2000年初，我所在的法资企业新上任了一位采购总监，他的第一把火就是推行全球采购政策。位于全世界各地的分公司不仅实施了统一的采购流程，而且总部在与战略供应商签署价格及采购条件时更是适用于各地的分公司，采购部的组织结构也从由当地的采购团队各自为政转为向总部虚线汇报。

从21世纪初开始的十多年间，全球采购的理念风行全世界，但随着新冠疫情的出现，这一理念发生悄然的变化。疫情后时代，我们该如何看待全球采购？

1. 本土采购

20世纪50年代之前，在生产基地所在地采购所需的原材料是工业所有者的标准操作模式。例如，中国的服装厂会在本土采购布匹和染料，美国的汽车厂商也会在当地采购零部件进行组装。

2. 低成本国家采购

20世纪后半期，以英美为首的西方国家由于工业化的飞速发展，经济远远领先发展中国家。工业企业主开始注重从低成本国家采购所能带来的生产能力和利润的增长。由于发展中国家的人力成本低，原材料价格低，因而从低成本国家采购原材料，并在当地建设生产厂或组装厂成为流行的趋势。全球航运的发展、贸易壁垒的削减，以及集装箱的普及降低了运输费用，使远距离生产和采购的缺陷得以弥补。这一趋势在20世纪末成为主导趋势。

3. 生产供应靠近市场需求

从2000年开始的二十多年时间里，发展中国家经济迅速崛起，工资水平稳步上升，原占据极大优势的较低的人工成本发生了改变。随着自动化、机器人的发展，以及新型高端工业技术的出现，生产厂家开始重新考虑低成本国家采购是否真的具有低成本优势。同时，由于世界政治格局的改变，以及各国家对可持续性采购、伦理道德关注度的提升，要求采购流程更加透明，而远距离的采购管理无法保证采购流程的透明度，给企业的合法、合规经营带来了较大的风险。

如何评价全球采购是否真的是低成本采购？越来越多的生产企业开始用总拥有成本的概念分析采购决策的合理性。总拥有成本包括以下内容：

（1）出厂成本。某件产品在工厂内生产完成，准备运出工厂前的全部成本，包括直接成本，如原材料和直接人工；间接成本，如厂房租金、水电分摊；税收保险及其他定期成本等。

（2）运输成本。由于供应或生产基地位于低成本国家，产品运输到生产企业所在地或需求所在地通常距离较远。

（3）库存成本。由于运输期长，存货成本必然升高；为抵御远距离供货的风险，生产厂家还需要额外提高库存量，进一步提高了存货成本。

（4）风险成本。全球采购面临的其他成本的风险，包括汇率的波动、地缘政治带来的政策风险、市场供需的波动，以及知识产权的风险成本等。

（5）现金周期成本。由于供应链的延长，产品所占用的流动资金，从采购原材料支出现金起，至收回客户现金货款止，这一周期在全球采购策略下也被延长。

基于上述对总拥有成本的分析，生产企业开始考虑另一策略，即将采购与供应地设置在需求市场的附近，以缩短供应链的周期，以及规避其他由于政策、市场、供需波动等的风险，旨在更快速地响应市场的需求。

在全球设置、合理分布集中的制造基地及配送中心，以覆盖邻近的市场，成为更多生产企业采用的战略决策。

上述三种采购策略哪一种更合适企业的发展？答案应该是不排除任何一种可能性，既不是采用单一的某种采购策略，而是根据企业发展需要推行有差别性的采购策略。在制定采购策略应考虑如下几点：

（1）如果时间是获得竞争优势的关键元素，全球采购可能就不是合适的策略，因为全球统一采购政策和策略往往加长了整个供应商链周期。

（2）如果产品需求是快速变化因而很难预测的，产品供应链也需要更加敏捷。

（3）如果人工成本占据总产品销售成本的比重较小，采用低成本国家采购就不能利用低成本国家的劳动力成本优势，何况这些年低成本国家的经济快速发展，其劳动力成本的优势已经越来越不明显，不再占据绝对性的优势了。

（4）在海外生产与制造的一个风险是失去知识产权的保护，某些希望保护知识产权的企业，就不太适合采用低成本国家采购。

二、数字化采购

近些年"数字化"成为一个高频词汇，各行各业都在谈数字化。什么是数字化呢？数字化可以理解成是信息技术发展的高级阶段，各行各业利用数字技术，对具体业务、场景进行数字化改造，关注数字技术本身对业务的降本增效作用，以及为企业发展创造更多价值。

理解数字化概念的几个关键词包括：信息技术、自动化、可视化。

数字化采购是依托数字化工具实现采购的自动化、从线下转到线上，实现采购管理可视化、采购决策智能化。自动化采购系统使采购寻源与订单处理流程更加便捷、高效与准确；自动化采购系统生成的采购数据让企业管理者可用来预测与预判，是制定更完善采购策略的坚实基础；自动化采购系统生成的智能数据报告实现了采购业务可视化，能降低采购腐败的风险、为企业发展战略决策提供支持。

1. 自动化采购系统

自动化采购系统可应用于采购业务的不同场景，如订单管理、寻源管理、供应商管理、收货与付款管理等。在理解采购数字化之前，我们先了解一下传统的非数字化的采购业务和数字化的采购业务的区别。

（1）非数字化的采购业务。纸质的采购申请、采购订单、收货单及付款申请单；询价报价通过邮件的方式沟通与文件传递、确认；合同签署由人工打印出合同文本，双方盖公章邮寄回传纸质文本。

（2）数字化的采购业务。通过购买、租用或定制开发的自动化信息管理平台，实现信息的交换、流程的审批与流转，减少平台外的沟通与信息交流方式。例如，上述所有采购单据不再需要填写表格，打印出纸张表单人工签字，而是在平台上填写电子表单，点击提交审批后由审批人在平台上点击审批。极大减少了纸张打印与存放的工作量，减少文件的遗失以及信息输入中产生的错误率。由于审批是由系统控制，杜绝了人工审批时的遗漏和时间延误。

在采购管理领域，较为成熟的自动化采购系统，以及应用业务场景有哪些？

（1）从请购到付款P2P流程管理的数字化。ERP软件能实现采购业务从采购预算审批、采购申请、订单，以及从收货到付款的全流程管理。ERP软件涵盖了所有核心业务领域，如生产、物料管理、销售、市场营销、财务和人力资源等。

世界上最为知名的ERP系统提供商非SAP莫属了。SAP中文译名为思爱普，1972年成立于德国，是全球领先的业务流程管理软件供应商之一。它致力于开发先进的解决方案，帮助企业高效处理整个企业范围内的数据，实现无缝的信息流。作为最早开发标准的企业解决方案软件的公司之一，思爱普的SAP软件在物料管理模块（MM模块）的功能极为强大和完善。由于其企业流程的高度标准化，费用较为高昂，企业通常会将SAP应用于直接物料的采购管理，能实现生产成本、采购计划、采购订单、库房验货收货、生产人领用物料、库存管理、财务结算管理的一体化。而间接物料的采购管理，由于间接物料通常为非标准产品和服务，无物料号，不进库存，SAP的标准流程反而会造成工作流程复杂而低效，因而企业通常倾向于自行定制本企业专属的间接物料自动化采购管理系统。

无论是知名软件供应商提供的成熟的ERP系统，还是企业自己的IT部门研发的定制化ERP系统，ERP系统是目前最为被广泛使用的采购数字化应用。

（2）寻源及供应商管理。通常称为供应商关系管理，即SRM软件。企业应用ERP管理P2P流程时，最为关注的是实现预算、采购和付款的审批自动化，因为这关系到一家企业的资金流出，其合法性、合规性是审计的重点，而采购部最为关注的寻源和供应商管理，在当今仍有一些企业还处于凭经验的非标准化处理方式，这种非标准化的采购寻源和供应商管理方式的专业度、标准化有待通过数字化转型得到进一步提升。

在寻源及供应商管理发展趋势下，e-sourcing 或e-bidding即电子寻源、电子竞价解决方案逐渐受到关注。较为知名和成熟的软件提供商和产品有上面提到的思爱普的SAP Ariba软件。其他老牌的管理信息化软件供应商还包括Oracle、Epicor、金蝶、Coupa等。国内知名的供应商有支出宝、甄云等。

SRM流程工具可以在线生成询价函、招标书；应标供应商在线注册并提交报价单、投标书。采购人员通过预设的评分要素对多家供应商的价格及方案进行多纬度比较；评标结果在线生成。对比起传统的线下询价比价和招投标，在线自动化工具使各家供应商能同步收到最新版本的招标文件，并同步在设定期限内回应标书，有效规避人工处理标书可能发生的舞弊和疏忽，同时提高了采购人员的工作效率。另外，SRM还具有合同管理，以及供应商关系管理的板块，可以在线管理采购合同的签署、续约、终止，以及文本的存放，避免采购人员因遗忘或者人员更替造成合同有效期终止而带来的企业风险。采购人员能管理供应商参与竞标前的信息注册，资格预审，以及合作期间的定期表现评估；同时可利用平台及时与供应商分享任何合作中发现的问题以及改进措施和结果追踪。

（3）电商采购平台。采购部在与供应商合作中，会对高频采购、规格统一的物品制定采购目录，以避免重复询价和比价流程。部分供应商在此基础上发展出了自己的电子商城，企业的采购人员在供应商的电子商城上选择商品并下达订单。例如，提供MRO在线采购平台的服务商有京东、震坤行、西域等。供应商提供的电商采购平台大部分能和企业ERP系统对接，企业使用部门或采购人员既能在供应商平台上便捷地选择所需物品，也能在ERP上实现预算审批及财务结算。企业也可以有效结合ERP、寻源及供应商系统，以及供应商的电商平台等，实现寻源管理、供应商管理、P2P管理等，以达到效率最大化、采购流程管理更加透明。

2. 企业如何实现采购数字化转型

很多企业都在考虑采购数字化转型，但面对众多功能丰富的采购自动化系统，以及国内、国外不同类型的产品供应商，企业该如何实施最适合自身需求的自动化采购系统？

（1）判断企业当前的数字化程度，以及面临的问题和期望达成的目标。

（2）实施范围、深度。企业根据线下采购业务流程的专业度和成熟度，以及企业面临的困难和处境判断优先次序，先从小规模试点项目逐步推广到整个采购过程中。

（3）在制订实施计划时深度挖掘采购流程，最终确定实施范围与计划。

【案例】

2021年，某生产企业在考虑数字化转型时，采购部总监对企业现状所做的分析并列举出了主要问题，以及期望实现的目的如下：

①2014年上线SAP系统，用于直接物料的采购申请、订单下达、收货和付款处理、成本与库存管理等。

②2017年上线企业自主研发的ERP系统，实现了间接采购从采购申请到收货付款的全流程线上管理。

③采购业务的询价、比价（竞标），以及供应商资质审核与引进、供应商绩效管理均为线下流程，监控难度大。当采购流程偏离预期设计时，需要手动干预对产生的偏差加以纠正。

④虽然订单和收货管理在SAP或企业ERP中实现，但结算环节中付款支持文件的收集和整理费时费力，需要较多人工操作。

⑤间接采购物料多、繁杂，价值小且采购频次高，特别是工厂MRO的采购。

⑥在制作采购数据报告时，需要手动从系统中导出Excel数据表进行整理和汇总，然后再制作成图表。数据准确性、相关性依赖于采购人员的专业度，数据的深度挖掘及报表的生成对采购人员的专业要求更高。

⑦采购业务流程需要进一步细化和优化，同步地强化采购系统功能以匹配业务流程的需要。

采购总监在列出上述问题后，根据企业所处状况做了三步走的规划。一是由于工厂MRO采购一直是企业的痛点，而目前市场上电商采购平台已相当成熟，因而引进MRO电商采购平台是采购数字化的第一步。二是针对企业SAP和ERP中不完善之处，向开发商提出增强和改善功能。三是针对询比价、供应商管理、结算管理和采购数据报告的自动化管理，采购总监拟引进市场上较为成熟的SRM系统。如果能在预期的三年内完成这三步数字化转型工作，企业采购数字化程度能达到80%。

可能有读者要问，为什么不是100%？由于企业对内部数据安全有较高的要求，在这些数字化的采购系统中，内、外部数据对接的环节是中断的。也就是说，需要内、外部数据自动传送时，这些步骤仍然需要线下操作，致使采购数字化程度无法进一步提高到100%。

3. 在实现采购数字化转型中应该注意哪些方面？

（1）在实施数字化采购系统前应预估系统上线后对采购业务或相关利益人会产生的影响，见表7-4。

表7-4 数字化采购系统对使用人的影响

正面影响	负面影响
1. 采购流程更加严谨，满足合规要求且容易监控流程是否执行到位 2. 加强供应商管理并降低供应风险 3. 与各利益相关人以及供应商沟通记录易于追踪 4. 提高采购可视化管理程度与采购数据的可追踪性 5. 加强成本控制 6. 数据质量更高，主数据管理更完善	1. 系统操作复杂，会一定程度上加长采购流程 2. 小规模供应商较少使用采购系统因而积极性不高 3. 出现异常情况时缺乏灵活性。比如规定需要邀请四家供应商应标，如果中途出现供应商弃标时，线上操作需要重新启动流程，而线下操作则可根据紧急程度直接豁免

（2）获得相关利益人的支持。在制订完采购数字化上线计划后，应与将受到影响的相关利益人，以及企业领导层做充分沟通，获得支持。数字化转型最难的不是系统的部署，也不是流程的设计，而是相关利益人的认可度和接受度。系统上线无人愿意使用或者在使用过程中遭到抵触和抱怨，最终会导致数字化转型的失败。

（3）对采购人员、使用部门人员，以及供应商提供足够的培训，包括系统使用、数据分析、流程的规范性、心理建设等。采购部在进行数字化转型过程中容易乐观估计所有系统使用人对数字化系统的接受程度。以供应商为例，对于小规模的供应商特别是赚取利润差的中间商，主要优势是人员少、利润薄、服务灵活，线上操作的时间成本可能会使他们的优势进一步减少。如果不得不保留一部分贸易商，需要考虑后续的替换计划。对于使用部门，如果线上操作增加了工作量，也会产生抱怨情绪。上线前充分的培训使各相关利益人了解流程的要求、熟练掌握系统的操作，以及数字化给企业带来的改善，能更大程度上保证采购数字化转型的成功。

4. 数字化采购的最大价值是数字分析和可视化管理

（1）传统的采购模式中存在的最大问题是缺乏综合性的、实时的采购数据，以及采购流程的规范化执行。通过上述的三种自动化采购系统应用，企业可以便捷地提取各类数据：每年的总采购量是多少？每家供应商每年的总采购量是多少？每年通过价格谈判获得了多少成本节省？供应商的交货是否准时？每笔采购申请单的平均处理时效是多少？是否每笔付款都对应了采购订单？是否每家供应商都经过了资格审查才能参与竞标？

（2）采购人员通过数据汇总、分析制定采购策略。例如，根据历年采购量变化制定节省谈判目标；根据采购申请处理时效数据调查原因，决定是否增加人员或者通过优化采购流程提升效率；通过供应商绩效评估数据制定供应商管理目标，如改进计划、缩减供应商数目计划、改变供应商库结构占比等。

三、采购的未来

前面介绍的全球采购及数字化采购是前二十年间采购形式和采购策略的演化。在未来的五到十年里采购趋势会发生哪些变化？

1. 供应商关系

采购角色中最为核心的关注点将从战略寻源和价格管理演变为供应

商关系管理。采购职能经过近二十年的发展，大部分企业已经建立了成熟的供应链关系，外部寻源及合同的签署工作已基本完成。采购部工作的重点将是维持和发展与供应商的关系，以建立战略性的合作共同打造企业的产品竞争力。

2. 采购敏捷度

所谓采购敏捷度是指为应对不断变化的企业需求，特别是突发情况，采购部采用混合的服务模式保证供应链的平稳。敏捷采购的主要使命是帮助拥有成熟采购流程和机制的企业，在遇到突发情况时帮助企业增加供应链韧性，顺利渡过供应难关。随着商业环境复杂性的不断增加，商业的运营模式也日益复杂，管理这些复杂性所需的数字化技术的应用率也会不断提升。客户和市场越来越关注获取采购敏捷度，以及采购职能部门如何利用采购敏捷度创造价值，在客户满意度提升上发挥更为直接的作用，而不是远离客户和市场，仅仅作为从上游供应商处获取物品和服务的部门。

采购部的以下能力隶属于敏捷的范畴：

（1）监控快速变化的利益相关方和供应市场。

（2）针对风险和机遇进行预测和优先级排序。

（3）协调内部及合作伙伴资源，快速做出灵活应对。

（4）调整上游供应链和采购组织自身，以提高敏捷性。

（5）开展文化转型，实现基业长青、历久弥新。

3. 技术进步

信息技术会继续改善采购运营模式的诸多方面，帮助企业提高效率和效益。采购部门可以利用信息技术取代人工操作型任务，让采购专业人员专注于价值更高的采购任务，从而获得竞争优势。区块链、人工智能、Chat GPT等技术的发展将进一步推动采购数字化转型的步伐。

4. 技能要求

对应未来的采购发展趋势，除常规的专业技能要求外，采购人员应具备深度挖掘数据的能力，对新兴技术的理解与运用，以及在复杂环境中快速判断和决策的能力。

思考与练习

（1）你的职业发展目前处于哪个阶段？你如何规划未来中长期的职业目标？

（2）你所在的企业采用的是哪种采购系统，是如何将线下的采购业务流程搬到线上进行管控的？

（3）试着用自己的话复述你所在企业的采购管理策略。

后 记

在我踏入采购领域的那一刻起，至今已悄然走过了二十四个春秋。回望来时路，那些曾以为遥不可及的梦想与成就，如今都已化作生命中不可或缺的印记，让我深刻体会到"有志者，事竟成"的真谛。如果时光能倒流，回到那个青涩的自己面前，告诉她未来的一切，或许连我自己都会觉得那是太过美好的幻想，而非现实所能及。

我的采购职业生涯，正如那句古语所言——"厚积薄发"，每一个不起眼的日日夜夜，都是通往成功路上不可或缺的基石。初入职场的我，面对的是一个全新的世界，对采购这个职业的深度与广度一无所知，但正是这份无知，激发了我探索未知的热情与勇气。在那个晋升体系尚不健全的年代，我默默地在采购助理的岗位上耕耘了六七年，每一次的努力都像是在为未来的自己播种希望。期间，虽然错过了转岗为采购工程师和物流专员的机会，但正是这些"错过"，让我更加专注于手头的工作，学会了在逆境中寻找成长的契机。

2007年，是我职业生涯的一个重要转折点。带着对未知挑战的渴望，我加入了一家刚在国内落地的法资企业。在那个一切从零开始的新工厂里，我不仅是采购分析员，还同时负责了资产设备的采购、采购团队的流程构建，以及SAP MM模块上线的关键用户。肩上的重担让我倍感压力，但正是这种压力，推动我迅速成长，在短短三个月内晋升为间接采购经理。这段经历，如同一段浓缩的职业生涯速成课，让我学会了如何在资源有限的情况下创造无限可能，也让我对未来充满了信心与期待。

然而，职业生涯并非总是一帆风顺。在经历了多个从无到有的团队组建和项目执行后，我陷入了职业发展的瓶颈期。2016年，被职场倦怠困扰数年的我，为了寻找新的突破点，我尝试创办了一家小型传媒公司，虽然未能掀起太大波澜，却让我体验到了创业的艰辛与不易。而后，家庭的变故和其他风险的冲击，让我不得不搁置了传媒公司的梦想，转而投身于自我提升与反思之中。

2021年，是自媒体时代蓬勃发展的一年，也是我个人职业生涯的一个新起点。我在知乎上开设了账号，开始分享自己的采购职场经验和见解，这一举动不仅让我重新找回了工作的激情，也让我意识到自己的经验对他人或许有着不可估量的价值。2022年初，我重归职场，在一家美资企业中担任采购总监，再次站上了职业新高度。到了2023年，我将全部的业余时间倾注于写作之中，决定将自己二十多年的采购智慧凝聚成一本书，分享给更多需要它的人。

这本书的诞生，是我对自己职业生涯的一次深刻总结与反思，也是对采购领域知识、经验的全面梳理。我希望它能成为采购新手的入门指南，让他们在迷茫中找到方向；同时，也期望它能成为采购老手的灵感源泉，让他们在熟悉的领域中发现新的可能。在这本书里，我不仅分享了采购业务的具体操作技能，更强调了采购工作中不可或缺的人文关怀与责任担当。因为我深知，采购不仅仅是一份工作，更是一种态度，一种对品质、对效率、对合作伙伴负责任的态度。

写作的过程并非一帆风顺，其中充满了自我怀疑与反复推敲，但正是这些艰辛与坚持，才让这本书变得尤为珍贵。我始终相信，采购工作是一场永无止境的修行，没有绝对的完美，只有不断追求卓越的过程。希望我的这本书，能够成为他人前行路上的一盏明灯，照亮他们通往卓越的道路。

邓 荣